DU DROIT

DE

RÉTENTION

(Mémoire qui a obtenu la première Médaille d'Or au concours de
Doctorat de 1859, à la Faculté de Droit de Rennes.)

PAR

E.-D. CABRYE,

DOCTEUR EN DROIT, AVOCAT A LA COUR IMPÉRIALE DE RENNES.

PARIS,

A. DURAND, LIBRAIRE

DE LA BIBLIOTHÈQUE DE L'ORDRE DES AVOCATS,
DE LA COUR IMPÉRIALE,
DE LA REVUE HISTORIQUE DE DROIT FRANÇAIS ET ÉTRANGER,
DE LA CORRESPONDANCE LITTÉRAIRE,
ET SÉANCES ET TRAVAUX DE L'ACADÉMIE DES SCIENCES
MORALES ET POLITIQUES.

1860

DU

DROIT DE RÉTENTION

RENNES. — IMPRIMERIE DE CH. CATEL ET Cie,
Rue du Champ-Jacquet, 25.

DU

DROIT DE RÉTENTION

(DROIT ROMAIN. — ANCIEN DROIT FRANÇAIS. — DROIT ACTUEL.)

(Mémoire qui a obtenu la première Médaille d'Or au concours de Doctorat de 1859, à la Faculté de Droit de Rennes.)

PAR

E.-D. GABRYE,

DOCTEUR EN DROIT, AVOCAT A LA COUR IMPÉRIALE DE RENNES

PARIS,

A. DURAND, LIBRAIRE

DE LA BIBLIOTHÈQUE DE L'ORDRE DES AVOCATS,
DE LA COUR IMPÉRIALE,
ÉDITEUR DE LA REVUE HISTORIQUE DE DROIT FRANÇAIS ET ÉTRANGER,
DE LA CORRESPONDANCE LITTÉRAIRE,
DES SÉANCES ET TRAVAUX DE L'ACADÉMIE DES SCIENCES
MORALES ET POLITIQUES.

1860

À mon Père et à ma Mère.

DROIT ROMAIN

—

—

SECTION I.

Principes généraux.

I.

ORIGINE, LÉGITIMITÉ ET ÉTENDUE DU DROIT DE RÉTENTION; DÉFINITION.

1. — Au-dessus des dispositions du droit positif, expression de la volonté des législateurs ou de l'accord

1

persévérant des citoyens (1), se place un ensemble de préceptes qui se rencontrent, toujours les mêmes, dans la conscience de tous les hommes.

Ces préceptes, compris sous la dénomination de droit naturel, bien distincts de la loi positive et évidemment antérieurs à elle, s'en rapprochent cependant quant à leur but, qui est aussi la direction des actions de l'homme dans ses rapports avec ses semblables.

Expression de l'idée éternelle de justice, attribut de la Divinité et émané d'elle, le droit naturel est un droit parfait, un droit-type dont le droit positif doit tendre sans cesse à se rapprocher, et où il doit surtout puiser la justification des règles qu'il établit.

Il en résulte qu'il existe un très-grand intérêt, au début de l'étude de toute institution juridique, à rechercher si elle se rattache au droit naturel et par quels liens.

Et je ferai remarquer que l'examen de cette question n'implique point l'introducti   ɪdées modernes dans l'exposé d'une théorie du droit romain. En effet, les principes que je viens de rappeler n'avaient point passé inaperçus pour les esprits élevés des jurisconsultes de Rome; ils avaient fort bien su constater l'existence du droit naturel et le définir : « *Quod semper æquum ac bonum est, jus dicitur; ut est jus naturale. (L. 11, De*

______

(1) Droit écrit; droit non écrit.

justitia et jure, D.) ..... *Quod naturalis ratio inter omnes homines constituit.* (Gaius, c. 1, § 1 ; — *Adde* Cicéron, *De republica*, 2, 3.) » (1) Ils le distinguaient parfaitement du droit positif : « *Sed naturalia quidem jura quæ apud omnes gentes peræque servantur, divina quadam providentia constituta, semper firma atque immutabilia permanent. Ea vero quæ ipsa sibi quæque civitas constituit, sæpe mutari solent.....* » (Instit. de Just., liv. 1, tit. 2, § 11.) ..... *Nec naturalis ratio auctoritate senatus commutari potuit.....* (L. 2, § 1, *De usufr. ear. rer.*, D.) ..... *Servitus autem est constitutio juris gentium, qua quis dominio alieno contra naturam subjicitur.* (Instit. de Just., liv. 1, tit. 3, § 2.)

2. — Quelquefois le droit positif ne fait que revêtir d'une sanction les préceptes du droit naturel ; les lois ainsi faites sont les meilleures, et leur légitimité est à l'abri de toute critique. Mais fréquemment, sous l'influence de diverses causes, ses institutions ou lui sont

---

(1) Il existait une école de jurisconsultes qui avait défini le droit naturel d'une manière différente et fort inexacte, en lui donnant trop d'étendue. Suivant cette école, le droit naturel est l'ensemble des règles qui régissent tous les êtres créés. (Instit. de Just., liv. 1, tit. 2, pr.; — L. 1, § 3, *De justitia et jure*, D.) L'homme seul, être intelligent et libre, est susceptible d'être soumis à des devoirs et d'avoir des droits. Le droit naturel ne peut donc concerner que les hommes.

complètement hostiles, ou du moins ne s'y rattachent que de très-loin.

Tel est en général le caractère des institutions de crédit. Il est en principe peu conforme à la raison qu'on accorde à certains créanciers, ou qu'on leur permette de s'assurer sur les biens de leur débiteur des sûretés spéciales au moyen desquelles ils puissent être payés par préférence aux autres créanciers de ce débiteur. L'utilité sociale, le besoin d'encourager les détenteurs de capitaux à les confier aux mains qui peuvent les faire fructifier, est, sous toutes les législations, le principal fondement de ces dérogations au droit commun d'après lequel les créanciers, ayant un droit égal sur les biens de leur débiteur, viennent en concurrence au *prorata* de leurs créances, principe d'une justice évidente, et qui n'est autre chose qu'une règle de droit naturel transportée dans le droit positif.

3. — Si partout les institutions de crédit ont le caractère que je viens d'indiquer, il faut bien reconnaître qu'elles l'eurent surtout à Rome, où la dure condition des débiteurs fut pendant longtemps la principale cause des nombreuses dissensions intestines dont l'histoire de la république nous offre le tableau. Ce serait sortir de mon sujet que de faire l'histoire et d'étudier les caractères des garanties que le droit romain accorda aux créanciers. Il me

suffit, pour prouver mon assertion, de rappeler cette institution du *nexus* qui consistait dans une sorte d'aliénation temporaire que le débiteur faisait au créancier de sa personne, de sa famille et de ses biens, jusqu'à l'entier acquittement de sa dette, et l'institution de la fiducie, préférable sans doute à la première, mais encore si désastreuse pour le débiteur. D'autres garanties, le gage, l'antichrèse, l'hypothèque, bien que présentant chacune des inconvénients divers et plus ou moins graves, peuvent, il est vrai, se justifier plus facilement; mais toutes, en définitive, prennent leur principal fondement dans un principe utilitaire; aussi portent-elles énergiquement l'empreinte de leur origine toute humaine; elles sont du droit positif.

Tout autre est le caractère de la garantie qui fait l'objet de cette étude. La rétention (1) se rattache directement au droit naturel; elle n'est que la sanction par le droit positif d'un principe d'équité, à savoir : que nul ne peut être tenu de remplir ses obligations vis-à-vis de celui qui, obligé à son tour envers lui, ne veut pas s'exécuter.

Sa légitimité est donc incontestable.

---

(1) Pour désigner la *retentio*, les textes emploient souvent les termes : *compensatio* — *deductio* — *doli mali exceptio* — et même quelquefois *pignus*, par exemple dans les lois 13, § 8, *De act. empti;* — 22, *De hered. vel act. vend.;* — 31, § 8, *De œd. ed.;* — 14, § 1, 15, § 2. *De furt.*, D.

4. — Le fondement du droit de rétention étant tel que je viens de l'indiquer, on s'explique parfaitement les destinées de cette institution en droit romain.

L'ancien droit civil, rigoureux et formaliste, ne reconnaissait ni ne sanctionnait cette garantie.

C'est le préteur, le représentant à Rome de l'équité, celui qui s'était donné pour mission d'améliorer le droit civil (L. 7, § 1, *De justitia et jure*, D.), qui introduit la *retentio* et la sanctionne par les moyens dont il dispose.

5. — Dû à une idée d'équité, le droit de rétention fut admis dans le droit romain avec toute l'étendue que comportait le principe d'où il tirait sa source; il n'eut pas d'autres limites que celles de ce principe lui-même. L'équité fut, en même temps que son fondement et sa justification, la règle unique de son admissibilité.

En effet, le droit de rétention, moyen de défense indirect opposé à la demande par le défendeur, s'exerçait au profit de ce dernier, dans les actions de droit strict, au moyen de l'*exceptio doli*, qui protégeait au reste beaucoup d'autres intérêts (1). Il participait donc de la nature

---

(1) Ainsi, l'exception de dol était donnée à celui qui, débiteur encore en vertu des principes stricts du droit civil, ne l'était plus en réalité et au point de vue de la seule équité. (Instit. de Just., liv. 3, tit. 15, § 3; — L. 56, § 4, *De verb. oblig.*; — L. 3, § 3, *De liber. leg.*, D.)

Suivant le droit civil, les servitudes ne pouvaient être constituées

de cette exception. Or, l'*exceptio doli mali* était donnée d'une manière générale chaque fois que la prétention du demandeur était injuste, quoique conforme aux règles du droit civil : « *Hanc exceptionem prætor proposuit ne cui dolus suus per occasionem juris civilis contra naturalem æquitatem prosit.* » (L. 1, § 1, *De dol. mal. et met. excep.*, D.; — *Adde*, L. 2, § 5; — L. 4, § 33, *eod. tit.*) La seule réunion de ces deux circonstances, une action donnée par le droit civil, l'injustice qu'il y aurait à prononcer une condamnation contre le défendeur par suite de cette action, donnait lieu à l'exception de dol : « *Qui æqui-*

ad tempus; la servitude ainsi constituée était perpétuelle. Le préteur donnait au propriétaire du fonds servant l'exception de dol. (L. 4, pr., *De servitut.*, D.)

L'exception du dol était aussi le moyen par lequel s'opérait la *compensatio*, qui a tant de points de rapport avec la *retentio*, que certains commentateurs la comprennent dans la théorie générale de ce droit. (V. Mulhenbruch, *Doctrina Pandectarum*, § 136.) D'autres se sont, au contraire, attachés à faire ressortir les différences qui existent entre ces deux moyens de défense; mais ils l'ont fait d'une manière incomplète et inexacte. (Voy. Voët, *Ad Pandect.*, lib. 16, tit. 2, § 20; — Tulden, *Comment. in Pandect.*, lib. 12, cap. 3, § 6; — Leyser, *Meditat. ad Pandect.*, lib. 2.)

Pour moi, la *compensatio* appartient à la théorie générale de l'exception de dol, et ne doit jamais être confondue avec la *retentio*.

Elle a sans doute avec cette dernière de grandes ressemblances : 1° toutes deux ont pour fondement le même principe d'équité et y puisent leur légitimité; — 2° toutes deux s'exercent par les mêmes moyens juridiques, *ipso jure* dans les actions *bonæ fidei*, *exceptionis ope* dans les actions *stricti juris*; — 3° toutes deux ne sont pas des modes de libération, mais des cas où l'action est *non solidi persecutoria* (le con-

tale defensionis infringere actionem potest, doli exceptione tutus est. » (L. 12, *De dol. mal. et met. excep.*, D.) Elle était opposable à tout demandeur, alors même que ce demandeur était un incapable. (L. 4, § 25, 23, *De dol. mal.*)

De ce caractère de généralité de l'exception de dol et de ce que cette exception est la voie juridique par laquelle s'exerce la *retentio,* il faut bien conclure que ce droit existe d'une manière générale et n'est subordonné qu'à l'équité.

traire est affirmé par les anciens commentateurs en ce qui concerne la *compensatio :* Voët en fait une différence avec la *retentio.* On sait que l'erreur de ces interprètes vient des textes relatifs à la *compensatio* exceptionnelle de l'*argentarius,* laquelle était bien réellement un mode extinctif des obligations); — 4° toutes deux peuvent avoir lieu à raison d'une obligation naturelle.

Mais d'importantes différences séparent ces deux matières. La *compensatio,* qui a reçu une place à part dans les écrits des jurisconsultes et dans les codifications du droit romain, ce qui n'a pas eu lieu pour la *retentio,* n'a été qu'une application fort restreinte du principe d'équité qui leur sert de fondement commun; ainsi, avant Marc-Aurèle, elle n'avait lieu qu'*ex eadem causa;* la *retentio,* au contraire, a toujours eu le même caractère de généralité. — La *compensatio* n'est jamais qu'une exception de débiteur à créancier, et par conséquent un pur droit personnel; la *retentio* est un droit réel. — Le défendeur qui oppose la *compensatio* prétend conserver d'une manière définitive, en tout ou en partie, la chose demandée; le défendeur qui oppose la *retentio* n'entend conserver que temporairement la chose réclamée, jusqu'à ce qu'il soit désintéressé. — La *compensatio,* une fois admise par le juge, a le même effet qu'un paiement; la *retentio* ne fait qu'augmenter, pour celui qui l'oppose, les chances de paiement de sa créance.

Il faut tirer la même conséquence de ce qui se passe dans l'action de bonne foi. Lorsque l'action donnée au demandeur par le droit civil était *bonæ fidei*, le défendeur n'avait pas besoin de faire insérer dans la formule les moyens de défense fondés sur l'équité que lui fournissait le droit prétorien. Le juge (*arbiter*) avait pleine et entière liberté pour en tenir compte; il devait prononcer *ex bono et æquo* (Instit. de Just., liv. 4, tit. 6, § 30, *initio*). Le défendeur pouvait invoquer tout moyen de défense résultant de l'équité. Pour avoir le droit de rétention et l'opposer utilement, il suffisait donc qu'il y fût autorisé par une raison d'équité.

Ce principe me paraît incontestable, et ce serait peu, pour le combattre, que de s'appuyer sur quelques espèces dans lesquelles les jurisconsultes romains refusent au défendeur le droit de rétention, contrairement, semble-t-il, à l'équité. C'est qu'en effet quelquefois, dans l'application, l'équité ne paraît pas toujours la même aux yeux de tous les hommes. Il importe de remarquer que les jurisconsultes prétendent justifier leurs solutions, lorsqu'elles sont contraires au droit de rétention, en soutenant que l'équité n'exige pas qu'on l'accorde. Je citerai pour exemple le cas où le possesseur de mauvaise foi a fait des impenses utiles sur la chose revendiquée. Les jurisconsultes, en lui refusant la rétention, s'appuient sur ce qu'il est en faute d'avoir fait des dépenses de cette nature, sachant que la chose appartenait à autrui, et que dès lors il ne mérite pas qu'on vienne à son secours. (L. 37, *De rei vind.*; — L. 7, § 12, *De acq. rer. dom.*, D.; — Instit. de Just., *De div. rer.*, § 30 *in fine*.) A leurs yeux, l'équité ne demandait pas qu'on donnât à ce possesseur une garantie pour s'assurer la restitution de ses dépenses utiles : « *Quod quis ex culpa sua damnum sentit, non intelligitur damnum sentire.* » (L. 203, *De reg., jur.*, D.) Et cette manière de voir a été adoptée depuis par plusieurs interprètes, notamment par Doneau, qui l'a développée et soutenue avec force. (Donell., *De jure civili*, lib. 20, cap. 7, § 21 et suiv.; — Vinnius, *Quæstiones*, lib. 1, c. 24).

C'est aussi en invoquant un motif d'équité que Justinien refuse au dépositaire le droit de rétention sur la chose déposée. « *Ne contractus, qui ex bona fide oritur, ad perfidiam retrahatur.* » (C., L. 11, *depositi.*)

Cette manière de procéder des jurisconsultes et du législateur romain vient encore à l'appui de ce que j'ai avancé sur le caractère de généralité du droit de rétention, lequel ne reçoit de restrictions qu'autant que l'équité cesse d'en légitimer l'emploi.

6. — Je puis dès lors définir la *retentio* : la faculté qu'a le défendeur à une action soit *in personam*, soit *in rem*, créancier à son tour du demandeur, de se refuser à

accomplir la restitution demandée jusqu'à ce qu'il ait été lui-même désintéressé.

Primus détient une chose appartenant à *Secundus* dont il est créancier, et *Secundus* revendique sa chose ; *Primus* aura le droit de repousser cette demande et de se refuser à la restitution jusqu'à ce que *Secundus* lui ait payé ce qu'il lui doit.

Primus détient une chose appartenant à *Secundus* dont il est créancier. *Secundus,* au lieu de revendiquer, poursuit la restitution de sa chose par une action personnelle. — Cela peut se présenter dans tous les cas où le détenteur est obligé à la restitution de la chose par suite d'un contrat. Exemple, il y a eu *pignus ;* le débiteur gagiste qui pourrait revendiquer intente l'action *pigneratitia directa.* — Le détenteur pourra encore se refuser à la restitution jusqu'à ce qu'il soit payé de sa créance.

II.

CONDITIONS GÉNÉRALES DE L'EXISTENCE DU DROIT DE
RÉTENTION.

7. — Ces conditions se réduisent à deux.

Première condition. — Il faut avoir la possession de la chose réclamée et sur laquelle on veut exercer le droit de rétention.

Le mot même de *retentio* (*retinere... rem tenere*) indique déjà suffisamment cette nécessité.

Les textes la mettent hors de doute.

C'est, par exemple, le § 30, tit. 1, liv. 2, Instit. de Just. Il y est question d'une personne qui a construit sur le fonds d'autrui avec ses propres matériaux. Après avoir décidé que le bâtiment appartient au propriétaire du sol, le jurisconsulte ajoute : *Certe illud constat, si in possessione constituto ædificatore, soli dominus petat domum suum nec solvat,* etc.

Il est inutile d'accumuler les preuves à l'appui d'un principe aussi peu susceptible de controverse. Je citerai cependant encore la loi 14, § 1, *Comm. div.*, D. Paul s'occupe du cas où une personne a fait des impenses sur un fonds commun (ce qui suppose nécessairement qu'elle était en possession de ce fonds), mais qu'elle croyait sien; et il se demande si, l'action en partage étant intentée, le droit de rétention pourra être exercé par celui qui a fait les impenses. Il répond affirmativement. Mais il ajoute que si le défendeur a précédemment aliéné sa part (et perdu par suite la possession de l'immeuble commun), il est déchu de la faculté d'user du droit de rétention, *non erit unde retinere possim.* Et ce droit, il décide que l'acquéreur pourra l'exercer du chef de son auteur, lorsque l'action sera dirigée contre lui. Il constate de plus en plus par là que ce droit est attaché à la possession, et qu'il est perdu pour celui qui s'est dépouillé de celle-ci.

8. — Mais que faut-il entendre par cette *possession* nécessaire à celui qui veut user du droit de rétention? Est-ce une possession civile, une possession conduisant à l'usucapion?

Loin de là. Le droit de rétention peut aussi très-bien appartenir à celui qui n'a qu'une *naturalis possessio;* j'entends une possession qui ne peut pas conduire à l'usucapion. C'est ce qu'exprime assez clairement la loi 3, § 15 *in fine, Ad exhibendum.* D. Le jurisconsulte y dit que l'action *ad exhibendum* ne s'exerce pas seulement contre le possesseur civil, mais bien aussi contre celui qui possède *naturaliter;* et il cite à titre d'exemple le créancier gagiste. Or, le créancier gagiste a bien incontestablement la *retentio.*

Mais le créancier gagiste possède *quantum ad interdicta,* il est donc en réalité possesseur à un certain point de vue; ce qui lui est refusé, c'est seulement la possibilité d'usucaper. (Savigny, *De la possession,* p. 63.)

Or, il faut aller plus loin, et dire que celui-là même a le droit de rétention qui n'a qu'un des éléments de la possession, la détention physique et matérielle de la chose.

En effet, le droit de rétention s'exerce par voie de défense à toute action soit *in rem,* soit *in personam,* tendant à la restitution d'une chose; or, l'action en revendication et l'action *ad exhibendum*, son préliminaire souvent obligé, peuvent être intentées non-seulement contre le possesseur civil, mais encore contre tout détenteur; (L. 3, § 15; — L. 4; — L. 7, § 1 *in fine, Ad exhibendum,* D.; — L. 9, *De rei vind.,* D.) et Ulpien (L. 9, *De rei vind.,* D.) autorise expressément ce simple détenteur à faire valoir contre le demandeur toutes les exceptions qu'il peut avoir à opposer à la demande... *necesse habebit possessor restituere, qui non objecit aliquam exceptionem.* Parmi ces exceptions que le détenteur peut opposer, il faut sans difficulté placer l'*exceptio doli mali.* (Pellat, *Principes généraux,* p. 153.)

Nous trouvons, au reste, des textes qui accordent le droit de rétention à des personnes qui n'ont évidemment aucun droit de possession sur la chose, qui n'en sont que simples détenteurs. (L. 1, pr. *in fine, De pignorib.;* — L. 8 et 18, § 4, *Commodati,* D.; — Favre, *De error. pragmat.,* D., 26, Er., 9, § 5.)

En résumé, il faut ici prendre le mot possession dans son sens le plus large, comprenant à la fois et celui qui possède *animo domini,* avec ou sans *justa causa,* et celui qui ne possède pas à proprement parler, qui détient seulement, *qui est in possessione.*

9. — L'origine de cette possession devra-t-elle être re-

cherchée? Oui, suivant certains auteurs, qui posent comme une condition de l'existence du droit de rétention que cette possession soit arrivée au défendeur *justa ex causa*. (Mulhenbruch, *Doctrina Pandectarum*, § 136.)

Sans doute, dans la pensée même de ces interprètes, cette juste cause n'a point le même sens que quand il s'agit de l'acquisition de la possession devant servir de base à l'usucapion. Ce qu'ils exigent, c'est que le détenteur ne se soit pas procuré la possession de la chose par une voie illégitime. Mais, même avec ce tempérament, et tout en reconnaissant que le caractère originel de la possession peut avoir une grande influence et sur l'existence, et sur l'étendue du droit de rétention, je ne puis admettre comme principe qu'une cause légitime de possession soit indispensable pour permettre au possesseur d'exercer ce droit, en présence des textes qui l'accordent au voleur. (L. 36, § 5; — L. 38, *De hered. pet.*, D.)

Les lois que l'on cite dans l'opinion contraire (L. 25, *De pignor. et hyp.*; — L. 152, *De reg. jur.*, D.) ne sont point assez concluantes pour permettre de poser en principe absolu que la possession n'est utile, pour opposer la rétention, qu'autant qu'elle soit exempte de vice. Peut-être pourrait-on proposer la distinction suivante : lorsque la créance était née antérieurement à l'acquisition vicieuse de la possession, le possesseur ne pouvait pas invoquer la *retentio*; il le pouvait, au contraire, si sa créance était née postérieurement.

Cette distinction est fondée en raison, et elle se déduit aisément des textes.

Elle est fondée en raison : en effet, il ne peut être permis à un créancier de rendre par violence ou par fraude sa position meilleure; on ne comprend pas comment l'équité pourrait consacrer un pareil abus. Mais lorsque le possesseur est devenu créancier du propriétaire postérieurement à l'acquisition de la possession, la cause illégitime de cette possession ne détruit pas l'injustice qu'il y a de la part du demandeur à vouloir obtenir la restitution de sa chose sans payer au possesseur ce qu'il lui doit. Il est donc équitable d'accorder à ce dernier le droit de rétention.

Je dis que cette distinction résulte aussi des textes. En effet, les lois 36, § 5, et 38, *De her. pet.*, D., qui accordent la rétention au *prœdo*, la lui accordent pour des créances nées évidemment depuis sa possession, puisqu'elles ont pour objet des impenses faites sur la chose; tandis que la loi 25, *De pignor. et hyp.*, D., qui refuse ce droit au créancier lorsque le contrat de gage qu'il a voulu faire *vitiose vel inutiliter intercedit*, le refuse tout aussi évidemment pour une créance née antérieurement à l'acquisition de la possession par ce créancier.

10. — *Deuxième condition.* — Il faut que le défendeur soit créancier du demandeur.

C'est pourquoi nous voyons la loi 14, *De donat.*, D., refuser la *retentio* à celui qui a cultivé le fonds d'autrui dans un but de pure libéralité. Celui-là, en effet, ne devient pas créancier qui gère utilement l'affaire d'autrui *donationis causa*.

11. — Ajouterai-je, comme on le fait ordinairement, qu'il doit être créancier *à raison de la chose* dont la restitution est demandée (1)?

Non, je repousse cette formule. D'abord, elle n'émane point des jurisconsultes romains; ils n'ont jamais rien dit de semblable. Ensuite, elle est incomplète. En effet, le droit de rétention appartient à d'autres personnes qu'à celles qui sont créancières *à raison de la chose* réclamée. Pour l'établir, il suffit de citer quelques exemples.

Et d'abord le créancier gagiste ou antichrésiste, quoique nanti du droit de rétention, n'est pas créancier *à raison de la chose* sur laquelle il exerce ce droit; mais comme il s'agit ici d'un droit de rétention établi par convention, on pourrait prétendre que le droit de rétention tacite est régi par d'autres règles; je puiserai donc mes preuves

(1) Mulhenbruch, *Doctrina Pandectarum*, § 136; — Dalloz, R. G. v° rétention, n° 21.

dans les textes qui s'occupent exclusivement de ce dernier.

L. 1, pr., *De pignor. et hyp.*, D. — Je vous hypothèque une chose qui appartient à autrui, et je ne suis pas créancier de cette chose; après la constitution d'hypothèque je deviens propriétaire; *dominio quæsito* le droit réel de gage va-t-il naître à votre profit? Papinien distingue entre le cas où le créancier savait et le cas où il ne savait pas que la chose était à autrui. S'il ne le savait pas, le gage naîtra *ex post facto* : je laisse de côté cette hypothèse. S'il le savait, Papinien lui refuse l'action servienne (1), et décide par conséquent que le droit de gage n'a pas pris naissance; mais il lui accorde le droit de rétention.

Or, je le demande, est-il possible de dire, dans le cas qui m'occupe, que la créance garantie par le droit de rétention est née *à raison de la chose* sur laquelle s'exerce ce droit? Je ne comprendrais pas qu'on pût le prétendre. En effet, quand est-ce que le défendeur sera devenu créancier du demandeur *à raison de la chose* qu'il possède? Quand la cause de la créance aura été un évène-

____

(1) Ces mots du texte « *difficilius creditori... utilis actio dabitur,* » ne doivent point être entendus en ce sens que le jurisconsulte hésite sur la solution qu'il propose. Pour s'en convaincre, il suffit de rapprocher de ce texte la loi 8 *in fine, De collatione*, D., où la même expression est employée dans le sens incontestable d'une décision négative.

ment ayant pour objet cette chose même. Ainsi, celui-là est devenu créancier *à raison de la chose*, qui, en l'absence du débiteur, a payé au créancier gagiste le montant de la dette pour laquelle elle avait été affectée en gage (L. 1, pr., *Quib. mod. pign. vel hyp. solv.*, D.), *pignora pecunia sua liberavit;* ou bien qui a fait des dépenses ayant pour objet la chose elle-même. (L. 1, § 3; — L. 2, — L. 3, — L. 4, *De imp. in res dot. fact.*, D; — L. 29, § 2, *De pign.*; — L. 44, § 1, *De damno infecto;* — L. 50, § 1, *De her. pet.*; — L. 27, § 5; — L. 48, *De rei vind.*; — L. 2, pr., *De lege Rhodia de jactu;* — L. 15, § 2; — L. 53, § 4; — L. 59, *De furtis,* D.) Ici, rien de semblable.

Tous les jurisconsultes, peut-on dire, n'étaient pas de l'avis de Papinien; d'autres rejetaient sa distinction et attribuaient toujours le droit de gage au créancier. (L. 16, § 7, *De pignor. et hyp.*; — L. 41, *Pignerat. act.*, D.) Cela est vrai, mais ne diminue en rien la valeur de notre texte pour mon argumentation. Qu'importe que la question ait été controversée parmi les jurisconsultes romains? Papinien n'aurait pas adopté l'opinion citée plus haut si le droit de rétention n'avait pu être accordé qu'au détenteur devenu créancier à raison de la chose. Je suis donc en droit de conclure de notre texte que cette condition n'était pas exigée.

L. 28, § 4, *De condictione indebiti,* D. — De ce texte

résulte une preuve plus saisissante encore. Ulpien suppose que, devant *cent à Primus*, je lui paie par erreur un fonds qui vaut *deux cents*, croyant lui devoir *deux cents*.

Il est de principe que le débiteur peut, avec le consentement du créancier, payer à celui-ci autre chose que ce qui est dû et se libérer ainsi valablement. (Instit. de Just., liv. 3, tit. 29, pr.; — L. 1, § 5, *De pecunia constituta*; — L. 2, § 1 *in fine*, *De reb. cred.*, D.; — L. 17, *De solut.*, C.) Il faudrait donc décider ici que le paiement est valable; que seulement, ayant payé plus que je ne devais, je pourrai répéter la moitié du fonds. Mais telle n'est pas la solution du jurisconsulte : il décide que la dette primitive n'a pas été éteinte, que le paiement n'est pas valable, et que je pourrai répéter la totalité du fonds; et cela parce que *nemo invitus compellitur ad communionem*, l'état d'indivision étant une source de discordes (L. 77, § 20 *in fine*, *De leg. sec.*, D.). Mais il accorde à *Primus* le droit de rétention sur ce fonds, pour garantir la dette de *cent* dont j'étais tenu primitivement envers lui par suite d'une stipulation.

Or, est-il possible de dire que *Primus* fût créancier de *ces cent à raison de la chose?* Personne ne le prétendra. Il est incontestable que cette dette, née d'une stipulation, est complètement étrangère au fonds que, par erreur, j'ai donné en paiement. Il faut donc reconnaître que les ju-

risconsultes accordaient le droit de rétention pour la garantie de créances qui n'étaient pas nées *à raison de la
chose détenue,* et que les interprètes ont à tort considéré
cette condition comme indispensable pour l'existence de la
retentio. (Voy. aussi L. 1, C., *Si aliena res pign.;* —
L. uniq., C., *Etiam ab chirogr. pec.*)

Et cela est très-conforme au caractère de généralité de
ce droit soumis, quant à son existence et à son étendue,
à la seule équité. Le magistrat ou le juge l'accordera au
défendeur en possession de la chose réclamée lorsqu'il
trouvera équitable de le lui concéder, soit que la créance
du défendeur contre le demandeur ait une origine tout à
fait étrangère à la chose elle-même, soit qu'elle ait pris
naissance à l'occasion de cette chose; ou le refusera, s'il
ne lui paraît pas équitable de l'accorder, alors même que
le défendeur serait créancier à raison de la chose qu'il
détient. (L. 11, *Depositi,* C.; — L. 4, *De commodato,* C.;
— Voët, lib. 16, tit. 2, § 15.)

12. — Maintenant, quand est-ce que le défendeur sera
réputé créancier à l'effet d'obtenir le droit de rétention?
Est-il nécessaire qu'il soit créancier *jure civili?* Non; il
suffit qu'il soit créancier en vertu du droit prétorien,
même en vertu d'une obligation naturelle. (Ant. Favre,
Rationalia ad L. 11, § 2, *De pignerat. act. vel cont.;* —
Cujas, *Observat.,* lib. 18, c. 10.) Et cela va de soi, puis-

que d'une part l'obligation naturelle est reconnue et pro-
tégée par le préteur (L. 10, *De oblig. et act.*; — L. 16,
§ 4, *De fidejuss.*; — L. 7, § 4, *De pactis;* — L. 9, § 4
et 5, — et L. 10, *De S.-C. Macedoniano;* — L. 1, § 17,
Ad. leg. falcid.), et que d'autre part le juge ne doit consulter que l'équité pour décider s'il doit ou non accorder
le droit de rétention.

III.

CARACTÈRES DU DROIT DE RÉTENTION.

13. — **La *retentio* est un droit réel, accessoire, indivisible, conventionnel ou tacite.**

Le droit de rétention est réel. Que prétend le défendeur? Prétend-il que la chose qu'il détient lui est due,
qu'il en est créancier, qu'il existe entre lui et le demandeur à l'égard de cette chose un *vinculum juris*? Non; il
soutient seulement qu'il a le droit de ne pas s'en dessaisir, d'en conserver la possession; il est dans un rapport
direct et immédiat avec cette chose (*jus in re*). Cette
réalité du droit de rétention est incontestable en ce qui
concerne le droit de rétention accessoire du gage (L. 17,
De pignor. et hyp., D.). Elle n'est pas moins établie par
les textes en ce qui concerne le droit de rétention principal, puisque nous voyons les jurisconsultes le consi-

dérer comme un droit de gage, *quasi pignus* (L. 13, § 8, *De act. empt.*; — L. 22, *De hered. vel act. vend.*; — L. 31, § 8, *De æd. ed.*, D.), et donner l'action *furti* au rétenteur auquel on a dérobé la chose sur laquelle s'exerçait son droit. (L. 14, § 1; — L. 15, § 2, *De furt.*, D.).

De ce que le droit de rétention est réel, il faut en conclure qu'il sera opposable non-seulement au propriétaire de la chose retenue, débiteur du détenteur, mais encore à ses ayant-cause à titre particulier, par exemple l'acheteur qui revendiquerait contre le détenteur, sans vouloir le désintéresser, les autres créanciers du propriétaire.

Cette conséquence du principe se trouve exprimée dans la Loi 29, § 2, *De pignor. et hyp.*, D. Nous y lisons que l'acheteur d'un fonds hypothéqué, qui y a fait reconstruire des bâtiments incendiés, exercera le droit de rétention contre les créanciers hypothécaires à l'effet d'obtenir le paiement de la plus-value.

Faut-il considérer le droit de rétention comme un démembrement de propriété?

Je dois rappeler que certaines personnes repoussent d'une manière absolue cette qualification de démembrement de propriété quel que soit le droit auquel on l'applique.

A celles-là on répond, à mon sens, victorieusement que, dès l'instant qu'un des éléments du droit de propriété en a été détaché, dès ce moment ce droit n'existe plus plein et entier aux mains de celui qui en est investi, et l'on peut dire qu'il a été démembré.

D'autres créent des distinctions et n'appliquent pas à tous les droits réels la qualification de démembrements de propriété.

De tous les droits réels, celui au sujet duquel p ut-être la question peut présenter plus d'incertitude, c'est la rétention. En effet, peut-on dire, le droit de rétention n'est pas autre chose qu'un obstacle à l'exercice par le propriétaire de son droit de propriété. Celui-ci n'est aucunement amoindri. Cependant ce raisonnement ne serait point exact. Il n'est pas vrai que le propriétaire d'une chose soumise au droit de rétention ait le *plenum dominium* de cette chose, puisqu'il n'en a point la libre disposition, qu'il n'acquiert la faculté d'user de sa chose que sous la condition de se libérer envers le rétenteur, et que ses successeurs, même à titre particulier, voient leur droit soumis à la même restriction. Il n'est donc propriétaire que sous la déduction d'un certain droit appartenant à une autre personne, et dès lors il est permis de dire que son droit se trouve démembré.

14. — Le droit de rétention est accessoire. Il ne saurait se concevoir indépendamment de l'existence d'une créance à laquelle il puisse se rattacher et au sort de laquelle il est lié. La créance vient-elle à s'éteindre, soit

par la remise qu'en fait le créancier, soit par quelque autre cause que ce soit, le droit de rétention ne peut plus être invoqué.

15. — Le droit de rétention est indivisible. — Cela est incontestable quant au droit de rétention attaché au gage (L. 65, *De evict.*; — L. 8, § 2; — L. 9, § 3; — L. 11, § 3 et 4, *De pignerat. act.*; — L. 19, *De pignor. et hyp.*, D.; — L. 1 et 2, *De luitione pignoris*, C.). Il doit en être de même du droit de rétention considéré comme garantie principale, car il a toujours lieu *loco pigncris* (Majansius, *Juris civilis disp.*, 28). C'est aussi ce qu'établissent les textes. (L. 13, § 8, *De act. empt.*, D.)

Ce caractère d'indivisibilité ressort d'ailleurs de la nature même du droit de rétention. On l'accorde au défendeur chaque fois qu'il y a injustice de la part du demandeur à réclamer la restitution de la chose détenue par son adversaire sans vouloir lui payer ce qu'il lui doit; or, cette injustice est tout aussi manifeste lorsque le défendeur a reçu seulement une partie de ce qui lui était dû que lorsqu'il n'a rien reçu.

16. — Le droit de rétention est conventionnel ou tacite. — Le droit de rétention, qui résulte de la convention des parties, est celui qui forme un des éléments du *pignus* et de l'*antichresis*. — J'appelle tacite celui qui

existe indépendamment de toute convention et comme garantie spéciale.

Cette différence d'origine entraine quelque différence quant à la manière dont on peut établir la légitimité de l'ur et de l'autre. J'ai déjà montré que le droit de rétention tacite a sa source et trouve sa justification dans un principe d'équité. On peut aussi rattacher à l'équité le droit de rétention conventionnel, mais d'une manière moins directe. Il se justifie par le principe de raison qui veut que les contrats soient exécutés par les parties entre lesquelles ils sont intervenus.

Au reste, les mêmes règles les régissent, et je n'ai point à cet égard à faire de distinctions entre eux. Si, en effet, la position du créancier gagiste ou antichrésiste diffère sensiblement de la position du créancier, qui n'a qu'un simple droit de rétention, cela tient aux autres règles particulières à ces deux sûretés. Que si l'on fait abstraction de ces règles pour considérer séparément le droit de rétention, qui forme un des éléments de ces deux garanties, on s'apercevra aisément que tout ce que j'ai dit du droit général de rétention s'y applique sans restriction. Nul doute, en effet, que la personne nantie du gage ou de l'antichrèse ne puisse exercer son droit de rétention qu'à la condition d'être *en possession* de la chose donnée en gage ou en antichrèse, et d'être *créancière*. Nul doute encore que le droit de rétention, qui fait partie de ces deux garanties, n'ait les caractères de droit réel, accessoire, indivisible.

17. — Le droit de rétention s'applique à toute espèce d'objets, meubles ou immeubles. Toutefois, le droit de rétention accessoire du gage a lieu plus spécialement sur les objets mobiliers. (Instit. de Just., § 7, *De actionib.*; — L. 238, § 2, *De verb. signif.*, D.) De là, peut-être, une certaine différence à signaler avec le droit de rétention principal.

Puisque la rétention exige la détention, il est encore constant qu'elle ne peut s'appliquer qu'aux choses corporelles, non pas aux choses incorporelles; qu'ainsi un *droit* ne peut être l'objet d'une rétention. Mais on peut retenir la chose, objet de ce droit, ce qui donne moins d'intérêt à cette distinction théorique.

Les lois 25 *in fine* et 26 *De procurat. et def.*, D., sembleraient indiquer cependant que le droit de rétention peut porter sur une chose incorporelle, car elles l'accordent au *procurator* qui a fait des impenses en poursuivant le procès au nom de son mandant.

Mais, est-ce sur le mandat lui-même que porte la rétention? Suivant Voët, c'est sur les actes que le *procurator* a entre les mains (Voët, *Ad Pandect.*, lib. 3, tit. 3, § 23); et c'est, je crois, l'interprétation qu'il faut adopter. C'est parce que le *procurator* est autorisé à conserver ces actes, parmi lesquels il faut compter l'écrit qui lui donne sa qualité, *nisi dominus ei solvere paratus sit*, que pour le maître du procès *non facile ab eo lis erit transferanda*.

D'autre part, la loi 30, *eod. tit.*, rapprochée des textes précédents, permet de penser que les jurisconsultes romains considéraient le *procurator* qui avait fait des avances pour un plaideur insolvable comme un *procurator in rem suam*, puisqu'ils lui permettaient de faire prononcer à son profit, au moins partiellement, la condamnation ; on rentrerait alors dans l'application d'un principe certain, savoir, que le *procurator in rem suam* ne peut pas être révoqué. Ainsi s'expliquerait la loi 25, où le mot *retentio* ne serait pas employé par Paul dans son sens exact.

18. — Le droit de rétention peut être cédé. (L. 14, § 1, *Communi divid.*, D.; Voët, *Ad Pandect. de compens.*, § 20 in *fine*.)

IV.

DROIT QUE LA RÉTENTION CONFÈRE AU CRÉANCIER.

19. — Dans l'étude des droits réels affectés à la garantie des créances, on distingue trois avantages qui quelquefois se trouvent réunis, et quelquefois isolés dans

chacun d'eux : — 1° droit d'expropriation, c'est-à-dire le droit pour le créancier de faire vendre la chose qui est soumise à son droit réel, de manière à en enlever la propriété au débiteur et à la transmettre à une autre personne choisie par le créancier : par ce moyen, le créancier convertit la chose en monnaie et obtient le paiement de ce qui lui est dû; — 2° droit de suite, c'est-à-dire droit pour le créancier de saisir la chose en quelque main qu'elle se trouve; — 3° droit de préférence, c'est-à-dire droit pour le créancier de se faire payer exclusivement sur le prix de la chose qu'il a fait vendre, sans subir le concours des autres créanciers.

La rétention confère-t-elle au créancier le droit d'expropriation? Non; il l'a comme chirographaire, en suivant les formes imposées aux chirographaires.

20. — La rétention confère-t-elle au créancier le droit de suite? Pas davantage; du moment qu'il a perdu la possession, il a perdu sa garantie.

Telle est la règle; et elle est conforme au principe que j'ai constaté précédemment; « que la rétention peut appartenir même à celui qui n'a que la simple détention. » Mais il peut se faire que le créancier, qui a le droit de rétention, soit non plus un *détenteur*, mais bien un *possesseur*, par exemple un créancier gagiste; dans ce cas, à l'aide des actions par lesquelles le préteur protège la possession, il pourra reprendre celle-ci et opposer alors utilement la rétention s'il vient à être poursuivi. Dans cette hypothèse, il aura donc une sorte de droit de suite, mais indépendant de la rétention.

21. — La rétention confère-t-elle au créancier le droit de préférence? Ici encore il faut répondre négativement en principe : si le créancier fait vendre la chose et la convertit en une somme d'argent, il ne pourra exercer de droit de préférence sur cette somme d'argent.

Mais indirectement, et cette fois d'une manière générale, un véritable droit de préférence lui est accordé : il peut en effet repousser les poursuites des autres créanciers et retenir la chose jusqu'à ce que ceux-ci l'aient désintéressé.

On voit en quoi consiste la garantie assurée au créancier par la *retentio;* elle consiste uniquement dans le droit de retenir la chose jusqu'à entière libération.

V.

VOIES JURIDIQUES PAR LESQUELLES S'EXERCE LA RÉTENTION.

22. — La *retentio* est un moyen de défense indirect opposé par le défendeur à une action soit *in rem*, soit *in personam*, ayant pour but d'obtenir la restitution de la chose qu'il détient.

C'est un moyen de défense indirect, car en le supposant vérifié, il n'en résulte pas nécessairement que la demande n'était pas fondée. Que prétend le demandeur dans l'*intentio*? *v. gr.* qu'il est propriétaire ou créancier. Le défendeur, en opposant le droit de rétention, conteste-t-il cette qualité? Nullement; il prétend seulement qu'il y a dol de la part de son adversaire à exiger, dans l'état, la restitution de sa chose.

23. — Pour déterminer comment le défendeur fera valoir ce moyen de défense, il faut rappeler la quatrième division des actions contenue dans le § 28 des Instituts de Justinien (liv. 4, tit. 6) : *Actionum quædam bonæ fidei sunt, quædam stricti juris.*

Dans les actions de bonne foi, dont le nombre était limitativement déterminé, le juge, plus ordinairement désigné sous le nom d'*arbiter,* avait le pouvoir de tenir compte des moyens de défense fondés sur l'équité. (Gaius, c. 4, § 61; — Instit. de Just., *De actionib.*, § 30; — L. 5, pr., *De oblig. et act.;* — L. 7, *De neg. gest.*, D.) Il tenait ce droit de la conception même de l'*intentio* de la formule qui contenait les termes *ex æquo et bono*; ou bien *melius æquius* (1); ou bien *ut inter bonos bene*

---

(1) Ces mots se rencontrent dans la formule de l'action *rei uxoriæ.*

ayier (1). Sénèque détermine ainsi l   pouvoir de l'arbiter : « *Arbitri libera et nullis adstricta vinculis religio,*
« *ut detrahere aliquid posset et adjicere, et sententiam*
« *suam non prout lex et justitia suaderet, sed prout hu-*
« *manitas et misericordia impelleret, regeret...*» (*De be-*
nef., III, 7.) « *Liberum arbitrium habet; non sub for-*
« *mula, sed ex æquo et bono judicat; et absolvere ei licet*
« *et quanti vult taxare litem.....*» (*De Clement.*, II, 7.)

Le pouvoir du juge étant tel dans les actions de bonne
foi, le défendeur, pour faire valoir son droit de rétention,
moyen de défense fourni par le préteur et fondé sur l'é-
quité (2), n'aura pas besoin de le faire insérer dans la
formule sous forme d'exception. C'est ce qu'exprime très-
nettement Ulpien dans la loi **21**, *Solut. matrim.*, D.
« *Cum enim doli exceptio insit... actioni.... »*

24. — Mais les actions de bonne foi étaient l'exception (3), les actions de droit strict formaient la règle.

---

(1) Termes de la formule de l'action de fiducie (Cic., *De off.*, liv. 3,
§ 15).

(2) Il faut remarquer que la formule de l'action de bonne foi n'é-
tendait le pouvoir du juge que pour lui permettre d'apprécier les
moyens de défense résultant de l'équité. Il en résultait qu'il pouvait
être utile pour le défendeur, même dans l'action de bonne foi, de
faire insérer dans la formule certaines exceptions, celles résultant de
l'ordre public (*rei judicatæ....*), dont sans cela le juge n'aurait pu tenir compte en vertu de son seul *arbitrium*.

(3) Il est permis de supposer que l'introduction des actions *bonæ*

Nous voyons, en effet, les jurisconsultes faire la nomenclature des actions *bonœ fidei*, tandis que nulle part ils
n'ont essayé de faire celle des actions *stricti juris*. D'ailleurs, ces dernières durent seules exister dans l'origine ;
la rigueur et l'esprit formaliste de l'ancien droit romain
ne peuvent guère laisser de doute à cet égard.

Dans l'action *stricti juris*, le *judex* doit examiner les
prétentions du demandeur, les moyens de défense du défendeur d'après les principes rigoureux du droit ; il ne
peut fixer la condamnation qu'en se renfermant dans les
termes de la formule, « *judex formula includit.* » (Sénèque, *De benef.*, liv. 3, n° 7 ; — Cicéron, *Pro Roscio*,
4.) Or, le droit civil ne reconnaissant pas les moyens de
défense fournis par le droit prétorien, le *judex* ne pourra
pas en tenir compte si la formule ne lui en donne pas
expressément le pouvoir. De là la nécessité pour le défendeur de réclamer du magistrat qui délivre la formule
qu'il y insère l'obligation pour le *judex* de tenir compte
du droit de rétention qui appartient à ce défendeur ; ce
que fera le magistrat sous forme d'exception apportée à
l'*intentio... nisi de dolo appareat.*

L'*exceptio doli mali* est donc le moyen à l'aide duquel
s'exerçait la *retentio* dans les actions de droit strict. Elle

---

fidei, dont le nombre alla toujours en augmentant, fut due à l'influence du préteur.

comprend à la fois et le dol qui a pu entacher antérieurement la conduite du demandeur, et le dol actuel résultant de la poursuite même. S'il n'y a pas eu dol dans
l'origine de l'affaire, il y en a maintenant à soutenir une
prétention inique. (L. 2, § 5; — L. 8, pr., *De dol. mal.
et met. except.*, D.)·

25. — Quel était l'effet de l'admission de cette exception? — Cette question se trouve résolue par la fin de la
loi 38, *De rei vind.*, D. Celse, après avoir passé en revue
différentes hypothèses au sujet desquelles il a discuté la
question de savoir si le droit de rétention doit être accordé, arrive à une dernière espèce, dans laquelle il accorde le droit de rétention, et il s'exprime ainsi : « ... *Nisi
reddit* (le demandeur) *quantum prima parte reddi opor-
tere diximus, eo deducto, tu condemnandus es.* » Il résulte bien de là que l'effet de l'exception de dol admise
par le juge était de faire diminuer la condamnation; et
cette interprétation est confirmée par la paraphrase de
Théophile sur le § 30, *De act.*, des Instituts de Justinien.

C'est donc à tort que certains jurisconsultes prétendent
que l'exception de dol une fois opposée, il y avait lieu à
absolution au profit du défendeur si le demandeur per-
sistait à ne pas vouloir payer ce qu'il lui devait.

Outre les arguments de texte que je viens de faire valoir contre cette doctrine, elle devrait encore être rejetée à raison de son iniquité, car l'absolution du défendeur serait une injustice à l'égard du demandeur.

Il faut dire que l'exception de dol avait pour effet de donner au *judex* dans l'action *stricti juris* le pouvoir que l'*intentio* même de l'action *bonæ fidei* donnait à l'*arbiter*. Cela résulte nécessairement de ce que l'*exceptio doli* permettait au *judex* de prononcer d'après l'équité, et non plus seulement d'après les principes rigoureux du droit. (Pellat., *Principes généraux*, p. 272.)

26. — Mais de ce que, pour atteindre ce résultat, l'introduction de l'*exceptio doli* dans la formule de l'action de droit strict était indispensable, il résulte que le défendeur qui avait négligé de l'y faire insérer devait être condamné à restituer la chose détenue par lui, sans que le *judex* pût prendre en considération ce dont il était créancier envers le demandeur, qu'en un mot il était déchu du droit de rétention.

Cette déchéance entraînait-elle l'impossibilité de recouvrer sa créance? ou bien pouvait-il agir par voie d'action après avoir restitué la chose ou payé le montant de la condamnation?

Il peut se faire qu'en dehors de la *retentio*, et indépendamment de celle-ci, il existe pour le défendeur un principe d'action qui lui permette de réclamer par voie directe le paiement de sa créance, s'il ne s'est pas prévalu de son droit de rétention.

Mais cette action est tout à fait étrangère à la *retentio*, et il faudrait bien se garder de penser qu'il existât d'une manière générale, au profit de celui qui n'a pas usé du droit de rétention auquel il pouvait prétendre, une action subsidiaire et auxiliaire de ce droit.

Si quelquefois cette personne se trouve nantie d'une action qui lui permette de poursuivre le recouvrement de sa créance, c'est que cette créance dérive d'une des sources d'obligations reconnues par le droit, c'est qu'il y a un *vinculum juris* entre elle et le propriétaire de la chose restituée, au lieu du simple *vinculum æquitatis* qui suffit pour autoriser l'existence du droit de rétention. (Voy. L. 8, pr., *De pignerat. act.*; — L. 18, § 4, *Commodati*; — L. 15, § 2, *De furtis*; — L. 14, § 1, *Comm. div.*; — L. 50, § 1, *De her. pet.*, D.)

Mais chaque fois qu'en dehors du droit de rétention le défendeur ne trouvera pas un principe d'action, s'il remet la possession au demandeur, il n'aura plus de moyen juridique d'obtenir le paiement qui ne lui est dû qu'en vertu de la seule équité. Il résulte bien de la L. 51, *De condic. indeb.*, D., qu'on peut avoir le droit de rétention sans avoir une action qui y supplée. (Voy. aussi L. 21, *Ad S.-C. Trebell.* Au lieu de *similem eum esse*, lisez *non similem eum esse*, suivant la correction faite par Cujas et

Favre.) Et la raison en est bien simple : c'est que les actions ne naissent que de faits et de principes rigoureusement et limitativement déterminés, tandis que, lorsque le juge a le droit de ne consulter que la seule équité dans l'appréciation des moyens de défense opposés à la demande, il n'est circonscrit dans aucunes limites déterminées à l'avance ; son pouvoir n'a d'autres bornes que celles de l'équité elle-même. De là vient qu'en vertu de l'équité le droit de rétention compète souvent à celui auquel il serait contraire aux règles du droit de donner une action. (Ant. Favre, *De error. pragmat.*, D., 26 ; *Er.*, 9, § 7. — Balduinus, *Jurispr. rom. et all.*, t. 1, p. 290.)

Tel est le cas du possesseur qui, ayant fait des impenses nécessaires ou utiles sur le fonds d'autrui, et pouvant exercer le droit de rétention suivant les distinctions que j'exposerai plus loin, a perdu la possession ou livré le fonds au propriétaire.

27. — Cependant certains interprètes ont prétendu qu'il pouvait recouvrer ses impenses par voie d'action.

Une première circonstance qui doit mettre en garde contre cette doctrine, c'est que ses partisans ne sont pas d'accord entre eux sur l'action qui pouvait venir au secours du rétenteur dépouillé de la possession.

Que si on l'examine de près, on constate bien vite qu'elle est en désaccord avec les principes enseignés par les jurisconsultes romains. Plusieurs textes, émanés de jurisconsultes différents, décident de la manière la plus formelle que le possesseur n'a que le droit d'opposer l'exception. (Papinien, L. 48, *De rei vind.*; — Paul, L. 14, *De dol. mal. et met. except.*; — Julien, L. 33 *in fine, De condict. indeb.*)

En dépit de ces textes, le glossateur Martinus, et après lui Pothier, soutenaient que les impenses pouvaient être répétées par l'action *negotiorum gestorum contraria utilis.* Ils argumentaient des lois 6, § 3, *De neg. gest.*; — 8, *De pignerat. act.*; — 7, § 16 *in fine, Solut. matrim.*, D.

Quant aux deux dernières, il faut sans difficulté les écarter, puisque, dans les cas prévus par elles, celui qui a fait les impenses a reçu la chose du propriétaire et en vertu d'un contrat, qu'il doit donc se trouver naturellement avoir l'action contraire ou l'action de gestion d'affaires.

L'argument tiré de la L. 6, § 3, *De neg. gest.*, n'est pas plus concluant. L'action *negotiorum gestorum contraria* ne pouvait, en effet, appartenir qu'à celui qui n'avait pas cru gérer sa propre affaire, qui avait fait sciemment l'affaire d'autrui, et dans l'intention que cette personne serait obligée envers lui. Or, telle n'est pas la position d'un possesseur qui a fait des impenses sur la chose possédée; et il est difficile de concevoir comment on pourrait lui accorder l'action *negotiorum gestorum* en s'appuyant sur le texte précité, qui prévoit le cas où une personne a géré l'affaire d'autrui *deprædandi causa*, sachant par conséquent qu'elle faisait l'affaire d'autrui, non la sienne propre.

Notre question se trouve d'ailleurs résolue par la L. 14, § 1, *Comm. div.*, D. — Le jurisconsulte y prévoit précisément le cas où un possesseur a fait des impenses sur une chose qu'il croyait sienne, tandis qu'elle appartenait à autrui ou qu'elle lui appartenait en commun avec d'autres personnes; et il décide qu'il n'a que le droit de rétention, parce qu'il n'a voulu obliger personne envers lui. Il accorde au contraire l'action utile de gestion d'affaires au possesseur qui a fait des impenses sur une chose qu'il savait appartenir à autrui ou lui être commune avec d'autres, alors même qu'il se serait trompé sur la personne du propriétaire ou de ses co-propriétaires, parce qu'il n'a agi que dans l'intention que quelqu'un fût obligé envers lui.

A ce texte si décisif opposerait-on la loi 5, *De rei vind.*, C., qui, permettant au possesseur de mauvaise foi d'exiger ses impenses nécessaires, emploie le mot *repetitio* « ... *non eorum negotium gerentes quorum res est, nullam habeant repetitionem, nisi necessarios sumptus fecerint* »? Mais cette expression désigne d'une manière générale la faculté qu'a ce possesseur de réclamer les impenses nécessaires qu'il a faites, quelle que soit d'ailleurs la voie employée; elle n'implique pas nécessairement l'idée que cette réclamation puisse avoir lieu par voie d'action. (Arg., L. 1, *De except.*, D.)

Cujas accordait à l'ancien possesseur dépouillé de la possession le secours d'une autre action : la *condictio indebiti*. Mais la *condictio indebiti* suppose un individu qui a payé ce qu'il ne devait pas; or, du propriétaire au possesseur qui lui a restitué la chose, il n'y avait pas de relations de créancier à débiteur (*nullum negotium inter hos contrahitur*), par conséquent la restitution de la chose ne constitue pas un paiement, et l'on ne peut pas dire que le défendeur ait payé plus qu'il ne devait. D'ailleurs, le paiement nécessite une translation de propriété; or ici le possesseur n'a rien transmis au demandeur, « *nihil accipientis fecit, sed suam rem dominus hebere incipit.* » (L. 23, *De condict. indeb.*, D.; — Sur ces questions, voy. Duaren, p. 908; — Doneau, liv. 20, ch. 7, § 28 et suiv.; — Favre, *De cad.* 26, *Er.* 10; — Vinnius, *Quæstiones*, lib. I, c. 24; Pellat, *Principes généraux*, p. 300 et suiv.)

On peut s'étonner à bon droit que d'éminents interprètes du droit romain, comme Pothier et Cujas, aient soutenu des doctrines si formellement repoussées par les textes. Il est peut-être possible d'en trouver l'explication dans ce fait, qu'à l'époque où ils ont écrit leurs commentaires, le droit romain était encore droit-loi dans une partie de la France, et qu'ils pouvaient être entraînés à modifier ce que ses décisions semblaient présenter de rigoureux pour faire passer dans la pratique la théorie qui leur paraissait le plus équitable, fût-ce même aux dépens de l'exactitude historique.

28. — Ce principe constaté, qu'il n'existe pas d'action qui supplée d'une manière générale le droit de rétention qui n'a pas été opposé par le défendeur, je crois cependant qu'il existait quelquefois au profit de ce défendeur un moyen indirect de recouvrer la garantie qu'il avait perdue (voy. § 4, n° 20). Cela devait se présenter toutes les fois que le droit prétorien lui offrait une voie juridique pour se faire restituer la possession qu'il avait perdue ou abandonnée (1). Il pouvait ensuite, lorsqu'il était poursuivi, opposer la *retentio*. Mais on comprend que ce secours ne devait servir qu'à un bien petit nombre des personnes qui pouvaient prétendre à la *retentio*, puisque, en principe, les interdits ne protègent que le véritable possesseur (*cum animo domini*), non pas le simple détenteur, et qu'il fallait par ailleurs se trouver dans les conditions nécessaires pour avoir droit à un interdit *recuperandæ possessionis*.

Le droit civil venait même au secours du rétenteur qui

(1) Si, par exemple, la chose possédée était mobilière, le défendeur qui l'avait restituée pouvait en reconquérir la possession au moyen de l'interdit *utrubi* s'il avait possédé la plus grande partie de l'année qui précédait le moment où il intentait cet interdit.

avait perdu la possession, non par abandon volontaire, mais parce que la chose lui avait été soustraite; il lui donnait l'action *furti*. (L. 14, § 1; — L. 15, § 2, *De furtis*, D.)

Enfin si le défendeur qui, ayant le droit de rétention, n'en a pas usé, n'a plus en général de moyen juridique de contraindre le propriétaire à le désintéresser, ce dernier n'en reste pas moins tenu à son égard d'une obligation naturelle, et si, la reconnaissant, il vient à payer, il ne pourra plus répéter. (L. 51, *De condict. indeb.*, D.)

VI.

EXTINCTION DU DROIT DE RÉTENTION.

20. — Du caractère accessoire de la *retentio* résulte la division en deux catégories bien distinctes de ses modes d'extinction. Ce droit s'éteint soit par voie accessoire, soit par voie principale.

La rétention s'éteint par voie accessoire chaque fois que la créance qu'elle garantit vient à disparaître, car cette créance est, par rapport à elle, chose principale, et *accessorium sequitur principale*. Je n'ai donc qu'à renvoyer ici à la nomenclature des modes d'extinction des obligations. (Instit. de Just., liv. 3, tit. 20.)

Elle s'éteint par voie principale chaque fois que par

suite de quelque évènement elle ne peut plus être invoquée par le créancier, encore bien que la créance à laquelle elle se rattache continue à subsister.

Quels évènements peuvent amener ainsi la perte de ce droit?

Le plus fréquent de ces évènements, c'est la dépossession du créancier arrivée ou non par son fait : j'ai montré précédemment que la possession était une condition indispensable de l'existence du droit de rétention.

Il faut ajouter la perte de la chose. Cet évènement, peut-on dire, se confond avec le précédent, puisque dans ce cas comme dans le premier, c'est parce qu'il ne possède plus que le défendeur ne peut plus opposer la *retentio*. Cependant il subsiste entre eux cette différence, que dans le cas où la chose a péri la possession n'existe plus aux mains de personne, tandis que dans l'autre cas elle n'est perdue pour le rétenteur que parce qu'elle a été acquise par une autre personne, au moins le plus ordinairement (1).

La *retentio* peut s'éteindre encore par le consentement

---

(1) Ces deux modes d'extinction de la *retentio* montrent bien l'intérêt puissant qu'ont les personnes nanties de ce droit à avoir en même temps une action pour n'être pas privées de tout moyen de recouvrer leur créance dans le cas où par erreur ou imprudence elles auraient omis d'user de l'exception, et dans le cas, si facile à réaliser, où il n'y aurait plus d'objet sur lequel pût s'exercer la rétention. (Ant. Favre, *Rationalia ad* L. 8, *Pignerat. act.*)

du créancier à ne pas s'en prévaloir. (Arg., L. 9, § 3, *De pignerat. act.*, D.) Ce cas d'extinction se distingue de la remise de la possession en ce que le consentement peut être donné par le défendeur encore nanti de la possession et à lieu d'opposer l'exception. Le juge devrait en tenir compte si le défendeur, au mépris de sa promesse, venait à invoquer la rétention.

Enfin la *retentio* s'éteint par les poursuites exercées par le rétenteur lui-même à l'effet de vendre la chose. La *retentio* étant essentiellement un moyen de défense, ne peut en effet être d'aucune utilité à celui qui joue le rôle de demandeur.

VII.

AVANTAGES PARTICULIERS DU DROIT DE RÉTENTION.

30. — Les avantages que procure la *retentio* au créancier qui est en position de l'invoquer peuvent être envisagés à un double point de vue, suivant que l'on s'occupe des rapports du créancier rétenteur avec le propriétaire débiteur ou avec les autres créanciers de ce débiteur.

Dans les rapports du créancier avec le débiteur, l'utilité du droit de rétention est surtout manifeste lorsque ce droit est le seul moyen qu'ait le créancier de se procurer le paiement de ce qui lui est dû.

Il semble qu'il doive être d'un faible secours et présenter peu d'utilité au créancier qui peut agir également par voie d'action. Cependant ce créancier trouve à s'en servir plus d'un avantage important.

Et d'abord, comme il détient la chose, en agissant par voie de rétention il remplit dans le procès le rôle de défendeur, ce qui est bien plus avantageux que de remplir celui de demandeur, puisque c'est au demandeur qu'incombe le fardeau de la preuve. (L. 15 *in fine*, *De operis novi nunciat*, D.) Il est vrai que *reus excipiendo fit actor*, que le défendeur sera obligé à son tour de prouver l'existence de la créance pour la garantie de laquelle il oppose la rétention; mais la nécessité de cette preuve n'est que subsidiaire et subordonnée à celle qu'aura faite le demandeur; si donc celui-ci ne fait pas la preuve de son droit de propriété ou de créance sur la chose retenue, le défendeur sera absous, alors même que de son côté il n'aurait rien prouvé. (L. 4 *in fine*, *De edendo*, C.)

En n'abandonnant pas la possession de la chose pour exercer l'action qui lui compète, il obtient cet autre avantage de pouvoir faire porter en premier lieu la contestation sur le terrain du possessoire, et d'y triompher alors même que sa possession serait vicieuse (entachée de violence, de clandestinité, de précarité), pourvu que le vice n'existât pas à l'égard de son adversaire actuel. (L. 1, § 9; — L. 2, *Uti poss.*, D.; — Ant. Favre, *Rationalia ad* L. 2, *De lege Rhodia de jactu*.)

L'exercice du droit de rétention aura encore pour effet

nécessaire d'inciter le débiteur au paiement de la créance due au détenteur. La *retentio* a donc cet avantage tout à la fois d'augmenter les chances de paiement et d'être pour le détenteur un moyen d'obtenir un paiement plus prompt si le débiteur a un besoin pressant de sa chose ou désire vivement rentrer en possession.

Elle constitue de plus une économie de temps et de frais, puisque dans la même instance le juge peut, par une seule et même sentence, vider des contestations qui pourraient faire l'objet de deux procès distincts.

31. — Dans les rapports du créancier rétenteur avec les ayant-cause de son débiteur, ses créanciers, la *retentio* lui procure cet avantage considérable de ne point subir leur concours, d'obtenir un paiement intégral.

SECTION II.

Applications.

DU DROIT DE RÉTENTION A RAISON DES IMPENSES FAITES A L'OCCASION DE LA CHOSE (*retentio propter impensas*). (1)

32. — En outre des raisons d'équité qui justifient l'application généralisée en droit romain de la *retentio*,

(1) D'après l'étendue que j'ai reconnue au droit de rétention, on comprend qu'il serait inutile d'essayer de passer en revue tous les cas

chaque fois que le défendeur est créancier du demandeur, il existe, pour le cas qui m'occupe, un motif d'équité spécial qui rend très-favorable la position du défendeur et légitime complètement l'emploi par lui du droit de rétention. Ce motif est que celui-là doit supporter les inconvénients et les charges, les dépenses causées par la chose auquel en appartiennent tous les profits. (L. 10, *De reg. jur.*, D. ; — L. uniq., § 4 *in fine*, *De cad. toll.*, C.)

I.

Impenses à l'occasion des fruits.

33. — Les jurisconsultes romains ont fait une aussi large application que possible, en ce qui concerne les dépenses pour les fruits, du principe fondement de la rétention.

· Les dépenses faites à l'occasion des fruits produits par la chose peuvent être de diverses natures. Les unes peuvent être considérées comme nécessaires, les autres comme simplement utiles. Il faudrait ranger dans la première catégorie celles qui ont été faites soit pour recueillir les fruits (par exemple, le paiement des ouvriers qui

dans lesquels il pouvait se présenter. Je n'étudierai donc qu'une seule de ses applications, celle qui a trait au cas d'impenses faites sur la chose d'autrui. Je l'ai choisie comme étant celle qui a le plus fréquemment attiré l'attention des jurisconsultes romains.

ont été employés à la moisson), soit pour les conserver (par exemple, le louage de bâtiments pour engranger la moisson), car sans ces dépenses les fruits auraient péri ou se seraient détériorés. Dans la seconde, il faudrait placer celles qui ont eu lieu pour arriver à la production même de ces fruits (frais de labour, engrais et ensemencements).

Mais cette distinction n'a aucune importance pratique. Toutes les dépenses faites à l'occasion des fruits sont régies par une règle commune : quelles qu'elles soient, le possesseur qui les a faites de bonne ou de mauvaise foi a le droit de les déduire des fruits qu'il doit restituer. Cette règle ne souffre aucune exception. Si donc celui auquel appartiennent les fruits les réclame du détenteur sans vouloir lui tenir compte de ses impenses, celui-ci usera du secours de l'exception de dol. (L. 36, § 5, *De her. pet.*; — L. 51, pr., *fam. ercisc.*; — L. 7, pr., *solut, matrim.*, D.; — Doneau, *De jure civili*, liv. 20, ch. 7, § 5; — Vinnius, *Selectæ juris quæstiones*, lib. 1, c. 24.)

Mais s'il n'y a pas de fruits à restituer, soit qu'ils aient péri, soit que le fonds ait manqué à les produire; ou si les fruits sont d'une valeur inférieure aux impenses, le possesseur pourra-t-il encore se faire tenir compte de ses impenses? — Un texte spécial à la pétition d'hérédité accorde ce droit au possesseur de bonne foi (L. 37, *De her. pet.*, D.). Ce texte doit-il être généralisé et appliqué à la revendication des choses particulières? Je le crois, car nous retrouvons ici les deux éléments seuls indispensables pour assurer au défendeur le droit de rétention : une chose en sa possession (celle qui a produit les fruits), une créance dont l'équité exige le paiement.

II.

Impenses à raison de la chose.

§ 1.

Des diverses sortes d'impenses.

34. — On en distingue trois espèces : les dépenses nécessaires, — les dépenses utiles, — les dépenses voluptuaires. (Ulp., *Reg.*, tit. 6, § 14 et suiv.; — L. 79, *De verb. oblig.*; — L. 1, 7, 10, liv. 25, tit. 2, D.)

Les dépenses nécessaires sont celles qui ont été faites pour la conservation totale ou partielle de la chose, *quibus non factis res aut peritura aut deterior futura est.* On peut citer, comme exemples, la reconstruction d'un édifice en ruine, la plantation de jeunes arbres en remplacement de ceux qui ont péri, les frais faits pour les soins donnés à un esclave malade, etc. (L. 1, § 3; — L. 2, 3, 4, *De imp. in res dot. fact.*; — L. 29, § 2. *De pi-*

4

gnorib. et hyp.; — L. 44, § 1, *De damno infecto*, D.)

Les dépenses utiles sont celles qui augmentent la valeur de la chose en la rendant plus productive, *quibus
factis res fructuosior effecta est*, mais qu'on eût pu ne
pas faire sans que la chose perdît rien de son état primitif.
Tels seraient, par exemple, le dessèchement d'un marais
et son appropriation à la culture, la construction élevée
sur un terrain nu, le fait d'avoir appris un métier à un
esclave. (Ulp., Reg., tit. 6, § 16; — L. 5, § 3; —
L. 6; — L. 14, § 1, *De imp. in res dot.*; — L. 79, § 1,
De verb. signif., D.)

Les dépenses voluptuaires sont celles qui embellissent
la chose sans lui donner plus de valeur. (L. 79, § 2, *De
verb. signif.*; — L. 7, pr.; — L. 14, § 2, *De imp. in res
dot. fact.*; — L. 7, § 3; — L. 13, § 4, *De usufr. et
quemad.*; — L. 40, pr., *De Damno infecto*, D.)

35. — **De quelles impenses le rétenteur peut-il obtenir le paiement? Ce paiement est-il intégral, ou, au cas
contraire, dans quelles proportions y a-t-il droit?**

Toutes ces questions ne peuvent être résolues qu'au
moyen de distinctions établies d'après la qualité des personnes en cause et les circonstances de fait, *pro varia et
hominum et causarum conditione*. (Mulhenbruch, *Doct.
Pandect.*, § 232 *in fine*; — Vinnius, sur le § 30, *ex
diverso*, Instit. de Just., liv. 2, tit. 1.)

Pourquoi n'a-t-on pas admis, quant aux dépenses faites sur la chose, la même règle qu'en matière de fruits, où toutes les dépenses sans exception peuvent être déduites? Les jurisconsultes romains répondent *quia fructus non intelligitur nisi quod deductis impensis interest*. (L. 30, § 5, *De her. pet.*; — L. 7, pr., *Solut matrim.* D.). Et Donceau développe ainsi leur pensée : « Les fruits sont de telle nature qu'on ne peut les considérer autrement que comme un profit qu'on retire de la chose. Or, qu'est-ce en définitive qu'un profit? Ce qui reste, déduction faite de toutes les pertes. Telle est la définition qu'en donne la L. 30, *Pro socio*. Par conséquent, il ne faut considérer comme fruits que le gain qui subsiste, déduction faite des pertes résultant des dépenses. » (Doneau, *De jure civili*, liv. 20, ch. 7, § 6.)

§ 2.

Dépenses nécessaires.

36. — Tout possesseur, qu'il soit de bonne ou de mauvaise foi, a le droit de rétention à l'effet d'obtenir du demandeur le montant intégral de ces impenses (L. 5, *De rei vind.*, C.). Le motif, c'est que le demandeur ne doit pas s'enrichir injustement aux dépens du possesseur (L. 206, *De reg. jur.*, D.), ce qui arriverait s'il pouvait, dans quelque cas que ce soit, se dispenser de lui tenir

compte de ses dépenses nécessaires. Qu'importe, en effet, la qualité du possesseur? Sa mauvaise foi ne modifie point l'obligation que l'équité met à la charge du demandeur. Loin qu'on puisse lui reprocher aucune faute, il faut au contraire lui savoir gré d'avoir empêché la perte ou la détérioration de la chose. Il serait bien plutôt en faute s'il eût négligé de le faire. (L. 36, § 1, *De rei vind.*, D.)

37. — **Mais supposons que la chose ait péri. Deux cas peuvent alors se présenter.**

Premier cas. — Le possesseur est tenu de la valeur de la chose, soit parce qu'elle a péri depuis sa demeure, soit parce qu'elle a péri par son dol (L. 15, § 1 et 3; — L. 17; — L. 21; — L. 22, *De rei vind.*, D.), ou par sa faute, soit parce qu'étant de mauvaise foi la chose a péri même par cas fortuit depuis la *litis contestatio* (L. 40, *De her. pet.*, D.), soit enfin que par quelque autre motif son obligation de restituer soit novée en une obligation de payer une somme d'argent (L. 15, § 1, *De rei vind.*, D.); aura-t-il le droit de déduire les dépenses nécessaires qu'il a faites à l'occasion de cette chose? Pour la négative, on peut dire que le demandeur, ne pouvant plus obtenir la restitution de la chose, ne recueille aucun profit des dépenses nécessaires qui ont été faites à son occasion. Mais on arriverait ainsi à un résultat injuste, car quelle différence y a-t-il pour le demandeur de recevoir sa chose même ou la valeur intégrale de sa chose? (Arg., L. 30, *De usufr. et quemad. ut.*, D.) Et quelle raison de ne pas déduire de cette valeur le montant des dépenses qu'avait faites le possesseur, dépenses qui ont eu pour effet de conserver cette valeur dans le patrimoine du demandeur? Il faut donc décider que le défendeur pourra faire déduire du montant de la condamnation les dépenses nécessaires; seulement cette déduction ne s'opérera plus par voie de rétention, puisqu'il n'y a plus d'objet sur lequel la rétention puisse s'exercer, mais par voie de compensation.

Deuxième cas. — Le défendeur est libéré par la perte de la chose; par exemple, c'est un possesseur de bonne foi, et la chose a péri par cas fortuit depuis la *litis contestatio.* (L. 40, *De hered. pet.;* — L. 15, § 3; — L. 16, § 1; — L. 27, § 2, *De rei vind.*, D.) Il perd nécessairement ses dépenses, puisqu'il n'y a plus rien sur quoi il puisse exercer le droit de rétention, et que même le demandeur ne peut conclure contre lui à une condamnation pécuniaire.

Il faut toutefois faire exception pour le cas où ce n'est plus une chose particulière, mais une hérédité qui est réclamée (L. 38 *in fine, De hered. pet.*, D.). Paul accorde au possesseur de bonne foi de l'hérédité le droit de déduire toujours ses impenses, quoique la chose qui en a été l'occasion n'existe plus. Et cette décision se justifie, dit-on, aisément en pareille matière, car l'hérédité étant un ensemble d'objets nombreux et variés, si celui qui a été l'occasion des dépenses nécessaires faites par le possesseur vient à périr, il en reste d'autres sur lesquels peut porter la rétention qui lui assure le paiement de ces dépenses, et en définitive la chose qui a péri, comme celles qui subsistent, bien que distinctes les unes des autres, n'étaient cependant que les diverses parties d'un même tout, l'hérédité, qui, comme toute universalité, est susceptible d'augmentation, de diminution, de transformation dans ses différentes parties, sans cesser d'être le même tout. C'est donc à propos de l'hérédité considérée dans son ensemble que les dépenses nécessaires ont été faites, l'hérédité tout entière doit par conséquent servir à en garantir le paiement. De plus, le possesseur de l'hérédité étant tenu de restituer à l'héritier tous les profits qu'il a retirés des choses héréditaires, même les valeurs qui ont augmenté l'hérédité postérieurement au jour où elle s'est ouverte *nam hereditas et augmentum recipit et deminutionem* (L. 20, § 3, *De hered. pet.*, D.), même les fruits perçus de bonne foi (L. 28, *De hered. pet.*, D.), il est juste qu'il lui soit tenu compte des dépenses qu'il a faites à l'occasion de l'hérédité.

Tels sont les motifs qu'on donne pour justifier la solution de Paul. Sans chercher à en amoindrir la valeur, je me borne à faire remarquer que notre loi 38 s'explique d'une manière beaucoup plus simple par la réunion, dans l'hypothèse qui m'occupe, des deux éléments qui suffisent à constituer le droit de rétention : une créance avouée par l'équité, des choses appartenant au débiteur, possédées par le créancier.

Mais je ne vois pas bien pourquoi Paul refuse au possesseur de mauvaise foi de l'hérédité la même déduction, puisque les mêmes motifs lui sont applicables, et qu'on reconnaît en principe au possesseur de mauvaise foi le droit de déduire les impenses nécessaires.

Il reste à constater qu'en matière de dépenses nécessaires, dans le cas spécial qui nous occupe, il y a intérêt à distinguer, quant à l'exercice du droit de rétention, entre le possesseur de bonne foi et le possesseur de mauvaise foi.

§ 3.

Dépenses utiles.

38. — Ici il est très-important de constater quelle est la qualité du possesseur, de distinguer s'il est de bonne ou de mauvaise foi.

Il faut, de plus, remarquer que ce n'est pas le montant des dépenses qui peut être réclamé par le défendeur, comme lorsqu'il s'agit des dépenses nécessaires, mais bien seulement la plus-value qu'elles ont produite.

39. — *Possesseur de bonne foi.*

Même à l'égard de ce possesseur, dont la position est très-favorable, nous ne rencontrons point de principes fixes; *bonus judex varie ex personis causisque constituet* (L. 38, *De rei vind.*, D.). L'équité sera la seule règle du juge, qui décidera d'après les circonstances de fait.

Après cela, il me semble bien difficile que l'on puisse déterminer à l'avance, par une formule générale, le droit du possesseur de bonne foi quant aux impenses utiles; mais à coup sûr je n'adopte point celle que donne Doneau. Le défendeur, suivant lui, aura le droit de rétention chaque fois que ses dépenses auront causé un enrichissement au demandeur. (*De jure civili*, liv. 20, ch. 7, § 11.)

Je repousse cette règle comme inexacte et trop générale. Il est bien vrai que le demandeur n'est tenu de tenir compte au défendeur de ses dépenses utiles qu'autant qu'elles lui profitent; ainsi, si l'augmentation de valeur résultant de ces dépenses a disparu au moment où l'action est intentée, ou si le demandeur n'entend point en recueillir le profit (L. 27, § 5, *De rei vind.*, D.), il est clair qu'il n'y a point lieu à rétention. Mais il peut très-bien arriver que le demandeur s'enrichisse sans être tenu de rien rendre au défendeur; c'est ce qui a lieu dans les hypothèses réglées par les Lois 27, § 5; 28, *De rei vind.*, D., et dans un des cas prévus par la Loi 38, *eod. tit.*, lorsque le demandeur est trop pauvre pour rembourser la plus-value, et que les constructions et plantations ne peuvent être enlevées sans mettre le fonds dans un état pire que celui où il était avant les travaux (Pellat, *Prin-cipes Généraux,* p. 271). Dans tous ces cas, il faut bien reconnaître qu'il y a enrichissement au profit du demandeur, puisqu'un fonds planté ou couvert de constructions a plus de valeur qu'un sol nu, puisqu'un esclave qui sait un art ou un métier a plus de valeur qu'un esclave ignorant, et cependant le droit de rétention est refusé au défendeur, parce que des motifs d'équité s'opposent à ce qu'il soit exercé.

Le besoin de justifier son principe inexact a conduit Doneau à commettre une erreur d'interprétation. Prévoyant une objection possible à sa doctrine, il s'exprime ainsi : « Mais, dira-t-on, est-ce que les dépenses utiles n'enrichiront pas toujours le demandeur? Et s'il y a toujours pour lui enrichissement, n'y a-t-il pas lieu de rejeter toute distinction et de décider, en vertu de la règle posée plus haut, que les dépenses utiles comme les dépenses nécessaires devront toujours être déduites? » Il répond : « Les dépenses utiles n'enrichissent pas toujours le demandeur *quoniam interdum persona ipsa petitoris facit ut impensa in rem ejus facta illi lucrum adferat aut non adferat;* » et il renvoie au texte de Celse (L. 38, *De rei vind.,* D.). C'est là, il me semble, une erreur :

dire que les dépenses *utiles* procureront ou ne procureront pas un enrichissement au demandeur, suivant sa qualité, *ex conditione personæ*, c'est se mettre en contradiction avec soi-même. C'est en effet un caractère essentiel des dépenses utiles de créer une plus-value; or dès là que la chose objet du procès a augmenté de valeur, et que le demandeur quel qu'il soit, pauvre ou riche, conserve cette plus-value, son patrimoine est augmenté d'autant; et si l'on refuse quelquefois au défendeur le droit de rétention pour se faire tenir compte de la plus-value, ce n'est point parce que, dans ces cas, le demandeur n'est pas enrichi, mais c'est parce qu'il y aurait injustice à lui demander compte de cet enrichissement. (L. 27, § 5; — L. 28; — L. 38, *De rei vind.*, D.)

Il faut dire que le demandeur devra une indemnité au défendeur à raison de ses impenses utiles sur la chose réclamée, chaque fois qu'il y aura injustice de sa part à en profiter sans dédommager le créateur de cette plus-value.

40. — Deux conditions doivent donc se trouver réunies pour qu'il y ait lieu, en notre matière, au droit de rétention : 1° que la dépense procure un bénéfice au propriétaire; 2° qu'il y ait injustice de sa part à s'approprier ce bénéfice. Telle est aussi la règle que suivent les jurisconsultes dans leurs décisions.

41. — 1° Il faut que la dépense utile procure un bénéfice au propriétaire. — Par conséquent, si la plus-value a disparu au moment où le procès est pendant, le défendeur ne peut rien réclamer.

Il en est de même si, la plus-value subsistant toujours, le demandeur n'entend point en profiter, s'il permet, par exemple, au défendeur d'enlever l'édifice élevé sur le terrain nu (L. 27, § 5, *De rei vind.*, D). Et cette voie peut-être prise par le demandeur quel qu'il soit, alors même qu'en raison de sa fortune il pourrait facilement tenir compte au défendeur de ses améliorations. Les constructions peuvent, en effet, ne pas convenir au propriétaire; il pouvait avoir d'autres vues sur son domaine; il serait injuste de le contraindre à payer la valeur de ces constructions. « *Non enim parva injuria est si petitor in hanc* « *rem collocare pecuniam suam cogatur. Multæ enim causæ* « *esse possunt cur non expediat : multæ cur non putet* « *sibi expedire. Neque porro cuiquam in re sua præscribi* « *debet quomodo jure suo utatur.* » (Donell., § 14.) Les textes n'accordent le droit de rétention au défendeur qu'autant que le demandeur entend s'approprier la plus-value..... *Si perseveret actor petere rem suam non reddi-tis sumptibus.* (L. 27, § 5, *De rei vind.*, D.)

Le droit qu'a le demandeur de se dispenser de payer la plus-value, en permettant au défendeur d'enlever ce qui la produit, lui fournit en pratique un moyen indirect de conserver les améliorations causées par les dépenses de ce dernier, sans avoir besoin de l'indemniser de toute l'augmentation de valeur qu'elles ont apportée à la chose. C'est, en effet, une bien faible ressource pour le possesseur que de pouvoir enlever ce qu'il a établi, et la valeur qu'il recueillera ainsi sera très-exiguë. Il consentira donc facilement à renoncer à ce droit d'enlèvement pour une somme bien inférieure à la plus-value, pourvu qu'elle soit supérieure au prix qu'il pourrait retirer des choses enlevées.

42. — 2° Il faut qu'il y ait injustice de sa part à s'approprier cette plus-value. — Cette injustice existe lorsque le demandeur, qui prétend conserver les améliorations sans indemniser le possesseur, les eût faites lui-même ou en a eu connaissance et les a approuvées, car on ne peut revenir au préjudice d'autrui sur le consentement qu'on a donné (L. 9, *Neg. gest.*, D.), ou lorsqu'il a le dessein de vendre la chose quand il l'aura recouvrée. (L. 38, *De rei vind.*, D.)

Mais il n'y a pas injustice de la part du demandeur à profiter de la plus-value si, d'un côté, il est trop pauvre pour en tenir compte au défendeur sans être obligé de vendre son domaine, *laribus, sepulchris avitis carere* (l'équité veut qu'on ne lui impose pas un tel sacrifice); et si, d'un autre côté, les améliorations ne peuvent être enlevées sans mettre le fonds dans un état pire que celui où il se trouvait auparavant. « C'est ce qui arriverait si, à la « place d'une maison bonne et solide, il en avait été élevé « une autre plus élégante et plus spacieuse; le défendeur « ne devra pas enlever celle-ci, ne pouvant pas rétablir « celle-là. » (Pellat, *Principes Généraux*, p. 271; — L. 38, *De rei vind.*, D.) Ou si l'enlèvement ne devait procurer aucun avantage réel au défendeur, *malitiis non est indulgendum ;* ou enfin si le demandeur, trop pauvre pour payer la plus-value, peut cependant payer le prix que le défendeur retirerait des choses enlevées, et offre de lui payer ce prix. (L. 38, *De rei vind.*, D.)

Il n'y a pas non plus injustice de la part du demandeur à profiter de la plus-value, si cette plus-value, bien que constante, ne peut pas être évaluée. Tel est, suivant la loi 27, § 5 *in fine*, et la loi 28, *De rei vind.*, D., le cas où le possesseur d'un jeune esclave lui a fait apprendre un art. De plus, on ne peut point employer ici le même expédient que pour les constructions : on ne peut enlever à l'esclave l'instruction qu'il a reçue. Or, il y aurait injustice à exiger du demandeur, dans tous les cas, d'indemniser le défendeur de dépenses qu'il n'eût peut-être pas pu ou voulu faire.

Il en serait autrement si l'esclave devait être vendu, et que le demandeur dût en retirer un prix plus considérable à cause de son talent; ou bien si, avant la *litis con-*

testatio, le possesseur, n'étant pas encore certain que la chose appartint à autrui, a dénoncé à celui qui se disait propriétaire les améliorations qu'il se proposait de réaliser et l'a mis en demeure de payer la dépense ou de revendiquer. (L. 30, *De rei vind.*, D.)

43. — *Possesseur de mauvaise foi.*

Le droit de rétention était refusé à ce possesseur d'une manière absolue, soit qu'il eût été de mauvaise foi dès l'origine de sa possession, soit que, de bonne foi à cette époque, il eût su que la chose appartenait à autrui dans le temps où il a fait les dépenses utiles. (L. 37, *De rei vind.*; — L. 7, § 12, *De acq. rer. dom.*, D.; — L. 5, — L. 11;— L. 16, *De rei vind.*, C.; — Instit. de Just., *De rer. div.*, § 30.) (1).

44. — Cette opinion n'est pas universellement admise. Cujas a soutenu une doctrine contraire, adoptée par d'autres interprètes, parmi les modernes par M. Pellat (*Principes Généraux*, p. 269). Ces commentateurs invoquent deux arguments : un argument d'équité, un argument de texte.

45. — L'argument d'équité consiste à dire que le de-

---

(1) Il y a exception lorsque les dépenses ont été faites sur un objet faisant partie d'une hérédité.

mandeur ne doit jamais s'enrichir aux dépens du défendeur, qu'il n'y a point dès lors à distinguer si le défendeur est de bonne ou de mauvaise foi, car la mauvaise foi du défendeur ne change point l'équité.

Ce motif ne me paraît point concluant. Certainement, s'il ne s'agit que d'apprécier le système du droit romain sur notre question, je suis tout disposé à reconnaître qu'il est peu conforme à l'équité. Mais lorsqu'il s'agit d'expliquer historiquement une législation, l'interprète n'a qu'une mission, celle de reconstruire avec la plus grande exactitude po͏ le l'ensemble de ses règles. Dès lors, peut-il justifier son opinion par ce raisonnement : l'équité le veut ainsi, donc cela devait exister? Un pareil argument est tout à fait insuffisant pour prévaloir contre des textes formels. Il est aisé de comprendre comment Cujas a été amené à édifier son système : il écrivait ses Commentaires à une époque et dans un pays où le droit romain était en vigueur; il devait être naturellement entraîné à soutenir la théorie la plus équitable pour la faire passer dans l'application.

Mais, je l'ai déjà dit, nous devons seulement rechercher la pensée des jurisconsultes romains, et ils l'ont en divers endroits exprimée d'une manière assez claire.

Est-ce un principe absolu, que le demandeur ne doit jamais s'enrichir aux dépens du défendeur? Non, certainement, et j'ai montré un peu plus haut que dans nombre de cas cet enrichissement a lieu en vertu des règles du droit, alors même que le défendeur est un possesseur de bonne foi. Les jurisconsultes romains n'accordent pas le droit de rétention au défendeur chaque fois que le demandeur s'enrichirait à ses dépens, mais seulement chaque fois que cet enrichissement constitue à leurs yeux une injustice. Or, ils ne lui reconnaissent point ce caractère lorsque le demandeur se trouve en présence d'un possesseur de mauvaise foi. De quoi peut se plaindre le défendeur, disent-ils? Il a été imprudent; s'il perd, il l'a bien voulu; il doit s'imputer à faute d'avoir fait des dépenses sur un fonds qu'il savait appartenir à autrui alors que *omne quod inædificatur solo cedit* (L. 203, *De reg. jur.*, D.; — Inst. de Just., liv. 2, tit. 1, § 30). On doit supposer qu'il a voulu faire une donation au propriétaire. (L. 82, *De reg. jur.*; — L. 29, pr., *De donat.*, D.)

Je sais bien que tous ces motifs sont fort contestables, mais enfin c'étaient eux qui déterminaient les jurisconsultes romains, et c'est tout ce qu'il importe de constater.

46. — L'argument de texte repose sur la loi 38, *De her. pet.*, D. — On répond que ce texte est spécial à la pétition d'hérédité. Et, qu'on donne ou non le vrai motif, il faut bien reconnaître que cette réponse a une certaine valeur, puisqu'elle s'appuie sur l'unanimité des textes

assez nombreux, relatifs aux dépenses utiles faites sur une *res singularis*.

En présence de cette unanimité et surtout de la reproduction de cette doctrine dans le § *ex diverso* (liv. **2**, § 30), aux Instituts de Justinien, il me semble téméraire de prétendre que la loi 38, *De hered. pet.*, ait dû être généralisée. Il faut d'ailleurs remarquer que dans la loi 38 Paul commence par reproduire la théorie que consacrent les autres textes. Après l'avoir rappelée, il propose d'y apporter un adoucissement, *sed benignius est*..... La loi 38 n'exprime donc peut-être après tout, même en matière de pétition d'hérédité, que l'opinion isolée d'un jurisconsulte, opinion qu'il est permis de supposer n'avoir pas été admise puisqu'on ne la retrouve nulle part.

Vinnius propose une interprétation de la loi 38 (*De her. pet.*) qui la concilierait avec les textes relatifs à la revendication des choses particulières. Il fait remarquer que le jurisconsulte Paul ne dit pas que le possesseur de mauvaise foi, le *prædo*, pourra déduire ses impenses utiles, mais qu'il se sert de ces expressions : « *In hujus quoque persona* rationem *haberi impensarum*, » qui peuvent s'entendre ainsi : que le *prædo* déduira les impenses nécessaires et enlèvera les améliorations, s'il peut le faire sans détériorer la chose. (Vinnius, *Select. jur. quæst..* lib. 1, c. **24**.)

47. A défaut du droit de rétention le possesseur de

mauvaise foi a le droit d'enlever ce qu'il a fait faire, si cet enlèvement peut avoir lieu sans détérioration (L. 37, *De rei vind.*, D.; — L. 5, *De rei vind.*, C.). Il ne se trouvera pas en définitive dans une situation plus défavorable que le possesseur de bonne foi lorsque le demandeur déclare ne pas vouloir conserver pour lui les améliorations.

§ 4.

Dépenses voluptuaires.

48. — A l'égard de ces impenses, une règle unique et absolue existe à l'encontre de tous les possesseurs. Le droit de rétention n'est accordé à aucun d'eux, pas même au possesseur de bonne foi, pour les déduire. (L. 27, pr., *neg. gest.*; — L. 3, § 4, *De in rem verso; —* L. 32, § 5, *De adm. et per. tut.*, D.)

C'est que ces dépenses n'ont ni conservé, ni amélioré la chose, qu'elles ne produisent par suite aucun enrichissement pour le demandeur, et que le principe d'équité qui fait le fondement du droit de rétention se trouve ici sans application possible.

Le possesseur a la ressource ordinaire de l'enlèvement s'il peut s'effectuer sans détérioration de la chose principale.

La loi 39, § 1, *De her. pet.*, D., semble faire échec au principe que j'ai posé. Gaius y accorde au possesseur de bonne foi de l'hérédité le droit de retenir le montant des dépenses voluptuaires faites par lui. — Mais il est impossible de prendre ce texte dans un sens absolu. Il importe de remarquer que dans la loi précédente (L. 38, *De her. pet.*) on rappelle ce principe qui sert de règle en matière de déduction d'impenses : *non debet petitor ex aliena jactura lucrum facere*. Or, le caractère des dépenses voluptuaires est de ne causer aucun enrichissement au demandeur. Il n'y a donc aucune injustice dans le refus qu'il fait de les restituer. Peut-on supposer que les compilateurs du Digeste aient laissé passer une contradiction aussi choquante entre deux fragments consécutifs si cette contradiction existait réellement? Non. Il faut donc de toute nécessité concilier ces deux lois. Cette conciliation est facile au moyen du rapprochement de quelques autres textes.

Nous voyons en effet que les dépenses qui sont ordinairement considérées comme voluptuaires empruntent quelquefois à certaines circonstances la qualité et les effets des dépenses utiles. Tel est le cas où le propriétaire veut mettre en vente, dès qu'il l'aura recouvrée, la chose sur laquelle les dépenses voluptuaires ont été faites, s'il doit à raison de ces dépenses en obtenir un meilleur prix (L. 29; — L. 38, *De rei vind.*, D.). Tel est le cas encore où les dépenses voluptuaires sont telles qu'on peut raisonnablement supposer, à raison de la position de fortune du propriétaire, qu'il les eût faites, car alors le possesseur *propriæ pecuniæ domini pepercit* ; il y a enrichissement pour le maître du moment qu'il n'a pas fait une dépense qu'il devait faire, *habet enim in suo quod alioqui non haberet.* Ce sont des hypothèses semblables qu'a en vue la loi 39, § 1, *De her. pet.* Elle s'applique au cas où des dépenses voluptuaires par elles-mêmes ont revêtu accidentellement, et par suite de circonstances étrangères, le caractère de dépenses utiles.

LOIS BARBARES. — DROIT FÉODAL.

49. — On sait le peu de place qu'occupent dans les législations barbares les matières même les plus importantes du droit privé. « Leurs principaux objets sont les « crimes, et encore les plus fréquents entre les peuples « brutaux : comme le vol, le meurtre, les injures, en un « mot tout ce qui se commet par violence. » (1) Elles répondaient ainsi aux besoins d'une époque où les rixes et les violences étaient continuelles, et où la vie civile, peu développée encore, ne donnait lieu qu'aux transactions les plus usuelles, à celles qui apparaissent les premières après la formation des sociétés.

Mais cette brièveté des Codes barbares jette une grande obscurité dans l'étude des règles du droit à cette époque; nous l'éprouvons particulièrement dans notre matière.

Nous savons cependant d'une manière certaine que le gage, *vadium*, *guadium*, *vadimonium*, était en usage chez les barbares (2); par conséquent le droit de rétention, élément essentiel du gage, y existait.

---

(1) Fleury, *Histoire du droit français, des lois barbares en général.*
(2) Pardessus, *Loi Salique*, p. 443.

Mais, est-ce à dire que le droit de rétention y existât comme garantie principale et en dehors de toute convention des parties?

On peut prétendre que la rétention, étant de droit naturel, a dû trouver son application à cette époque. Mais c'est aux époques primitives que les législations s'écartent le plus du droit naturel; elles s'en rapprochent davantage à mesure que la civilisation se perfectionne. Cet argument est donc insuffisant.

On pourrait tirer quelque induction favorable à la rétention, de la défense faite par les lois barbares d'enlever des gages par force au débiteur.

Cet enlèvement des gages par force était, paraît-il, un usage assez répandu chez les Germains, puisque les lois des Allemands, des Bavarois, des Visigoths et des Burgondes avaient pris soin de le prohiber (1). Ils avaient même, pour exprimer ce fait, un mot spécial, *disvadiare*, que Ducange définit, *pignus auferre et retinere* (2). — On pourrait dès lors supposer que si le créancier se trouvait nanti légitimement d'un objet appartenant à son débiteur, il pouvait le retenir jusqu'à ce qu'il eût obtenu paiement.

Mais ce n'est là qu'une conjecture, et en définitive

(1) Laferrière, *Histoire du droit français*, t. 3, p. 211.
(2) Voy. Ducange, vᵒ *vadium*.

aucun document ne révèle l'existence dans le droit barbare de la rétention considérée comme garantie principale et indépendante de la convention des parties.

50. — Quant à l'existence de la rétention dans le droit féodal, elle ne saurait être mise en doute. Seulement les seigneurs s'attachaient à y mettre obstacle et la prohibaient, de même que la compensation, parce qu'elle avait pour effet de diminuer le nombre des procès, en faisant prononcer par une même sentence sur plusieurs contestations. Or, les seigneurs, qui percevaient des droits fort élevés sur chaque procès, avaient intérêt à en voir croître le nombre (1).

Cependant la rétention se maintint sous l'influence du droit romain et du droit canonique. Nous la voyons même s'exercer dans les rapports du vassal avec le seigneur. Ainsi, quand le fief finit par la loi de la concession, sans la faute du vassal, lui-même ou ses héritiers ont le droit de rétention pour les améliorations faites sur le fonds. (*Si vassallus in feudo...*, tit. 28, liv. 2, *Feudorum;* — Basnage, sur l'art. 125 de la Cout. de Norm. — Dumoulin, sur Paris, tit. 1, § 1, Gloss. V, n°ˢ 76, 77 et 82 *in fine.*) Ainsi encore : « le seigneur de fief, faisant construire étang ou garenne, y peut enclore les terres de ses.

____

(1) Toullier, liv. 3, tit. 3, n° 356.

sujets en les récompensant *préalablement.* » (Loysel, *Instit. Coutum.*, liv. 2, tit. 2, art. 27; — Anjou, article 29; — Maine, 34; — Tours, 37.)

Mais le droit féodal avait simplement subi l'influence du droit romain (les feudistes, pour régler les rapports du seigneur avec son feudataire, argumentent des Constitutions impériales relatives à l'emphytéose). La rétention n'était point une institution qui lui fût propre; il ne lui a même donné aucun cachet particulier. Il serait donc oiseux d'en faire une étude spéciale pour laquelle, d'ailleurs, les documents manquent. Elle doit se confondre dans l'étude générale du droit de rétention sous notre ancienne jurisprudence.

ANCIEN DROIT FRANÇAIS.

—

—

SECTION I.

Principes généraux.

I.

ÉTENDUE DU DROIT DE RÉTENTION.

51. — Il faut ici se reporter à la division en pays de droit écrit et pays de coutumes, si importante dans notre ancienne France.

Dans les premiers, le droit de rétention était certainement admis, puisqu'on y suivait la loi romaine ; j'aurai tout à l'heure à examiner comment on l'y interprétait.

Dans les seconds, on rencontre très-peu de documents relatifs au droit de rétention.

Parmi nos nombreuses coutumes, un petit nombre seulement le mentionne en passant, à propos de quelques espèces particulières (1).

Aucune ne contient à cet égard de disposition générale.

Malgré cela, je crois qu'il faut reconnaître que le droit de rétention s'exerçait dans tous les pays de coutumes. Tous les auteurs coutumiers sont, en effet, d'accord pour reconnaître que sur les points non réglés par la coutume le juge doit puiser ses décisions dans la loi romaine considérée, non pas sans doute comme droit-loi, mais comme règle d'équité.

« Aussi, dit Guy Coquille (2), nous n'alléguons les lois « des Romains sinon pour la raison qui y est...., et quand « nos lois particulières nous défaillent, nous avons recours « aux romaines, non pas pour nous obliger précisément, « mais parce que nous connaissons qu'elles sont accom- « pagnées, *imo* fondées en toute raison. »

(1) Coutumes : de Paris, art. 175 ; — Berry, *des exécutions*, 19 et 20 ; — Bourbonnais, 135 ; — Reims, 395 ; — Anjou, 29 ; — Le Maine, 34 ; — Tours, 37 ; — Calais, 213 ; — Etampes, 151 ; — Mantes, 188 ; — Montfort, 180 ; — Orléans, 372.

(2) Question première.

Duparc-Poullain est encore plus explicite : « A l'égard
« du droit commun en matière civile, *son principal fon-*
« *dement est dans le droit romain* que nous suivons, non
« pas comme loi, mais comme raison écrite, en tout ce qui
« n'est pas contraire aux ordonnances, à la coutume, aux
« usages et aux maximes de la province et du royaume. » (1)

De Serres constate que « lorsqu'il se présente à dé-
« cider dans les pays coutumiers quelque cas qui n'a pas
« été prévu ou qui a été omis par la coutume...., on a
« tenu pendant longtemps qu'il fallait alors se régler par
« le droit romain. » (2) Et quoiqu'il ajoute : « La der-
« nière jurisprudence (3) est contraire à cela, et l'on juge
« qu'il faut recourir à la Coutume de Paris pour les cas
« du moins qui s'y trouvent décidés, » il n'apporte ainsi
qu'une restriction peu importante au principe constaté de
l'influence des lois romaines sur le droit coutumier.

Cette influence est reconnue en des termes analogues
à ceux que je viens de citer par tous les auteurs qui ont
écrit des traités généraux sur l'ancien droit français.

On la découvre d'ailleurs aisément en ce qui concerne
le droit de rétention, dans les décisions des commentateurs des Coutumes.

(1) *Principes du droit français,* liv. 1, ch. 1, n° 5.
(2) *Institutions du droit français,* liv. 1, tit. 1, § 4.
(3) De Serres écrivait en 1753, et ses allusions à la jurisprudence
ne doivent s'entendre que de celle du Parlement de Toulouse.

Ainsi, notre Coutume de Bretagne ne contient aucune disposition relative à ce droit, et cependant d'Argentré (1), après avoir dit qu'après la mort de l'usufruitier le propriétaire peut agir contre ses héritiers pour se faire mettre en possession de la chose, objet de l'usufruit, ajoute :

« *Sed tamen non protinus verum est, talium heredes de* « *facto posse ab proprietariis expelli de possessione; sed* « *toties falsum est quoties heres usufructuarii et talium* « *causam contradicendi habet.... veluti si usufructuarius* « *vel colonus tecta sarciisse se contendat, necessariasve* « *reparationes quæ ad eum non spectent factas, pro quibus* « *quilibet alienæ rei possessor retentionem habet.* »

De même, l'article suivant de la Coutume du Nivernais ne conférait pas au créancier le droit de rétention, quoiqu'il lui donnât un moyen énergique d'obtenir paiement :

« Ceux qui ont fait les moissons et cueillette de grains, « bleds, vendanges et vins, aussi voituriers par eau et « par terre, peuvent, pour leur salaire, faire *arrester et* « *empêcher* les bleds, vendanges, vins, charettes et che- « vaux, marchandises et biens de leurs débteurs, à la « requeste desquels ils ont besogné; et tiennent tels ar- « rêts et empêchements jusques à plein paiement... » (2) Et cependant Guy Coquille, son commentateur, s'ex-

---

(1) 6ᵉ éd., col. 860, D.
(2) Coutume du Nivernais, ch. 32, art. 13.

prime ainsi sur cet article : « La saisie et arrêt ici men-
« tionnée est à l'effet de la *Rétention* que la loi octroie
« en tous cas à celui qui a employé son bien et son la-
« beur à faire quelque besogne ou à conserver la chose
« d'autrui en laquelle il veut user de rétention. Nos lois
« de France qui ont bien souvent reprouvé toutes voies
« de fait, et qu'aucun de son autorité se fasse droit et
« prenne sa raison par ses mains, ont trouvé meilleur de
« faire saisir sous l'autorité de justice. *Toutefois si la*
« *chose était en possession du mercenaire sans vice ni*
« *fraude, je crois que, sans faire saisir, il pourrait user*
« *de rétention :* et est la rétention octroyée par le droit
« romain, non pas pour appréhender, mais pour retenir
« de son autorité, sans le juge, si la chose est en sa
« puissance..... »

Ces citations, qu'il est inutile de multiplier, démon-
trent que, dans le silence même des Coutumes, le droit
de rétention était autorisé par l'interprétation des jurisconsultes.

52. — Les ordonnances royales, dont la force était
obligatoire dans tout le royaume, viennent aussi établir
l'existence dans tous les pays coutumiers du droit de
rétention dont elles réglementent l'exercice, mais sans
contenir aucune disposition dont nous puissions déduire
la règle de l'étendue de ce droit.

L'ordonnance de 1539, art. 97, s'exprime ainsi :
« Et si, sur l'exécution du jugement ou arrêt, était requis connaissance de cause pour méliorations, réparations ou autres droits qu'il conviendra liquider, le condamné sera tenu de vérifier et liquider lesdites réparations, méliorations ou autres droits pour *lesquels il prétend rétention des lieux et choses adjugées*, dans un certain bref délai, seul et péremptoire, qui sera arbitré par les exécuteurs selon la qualité des matières et distances des lieux... »

Ce texte établit bien l'existence du droit de rétention au profit du défendeur dans certains cas; mais, sauf celui de méliorations et réparations, il n'indique pas lesquels, et l'on ne saurait entendre ces mots : « *ou autres droits* qu'il conviendra liquider, » dans ce sens que le droit de rétention était accordé généralement à tout défendeur devenu créancier du demandeur; on ne peut les entendre qu'ainsi, « ou *autres droits* pour lesquels il a la *rétention*. » Au reste, cet article de l'ordonnance de 1539 a évidemment pour unique but de restreindre l'exercice du droit de rétention et sa force dans les mains de ceux auxquels il appartient, et sa disposition à cet égard est fort rigoureuse, puisqu'on sera déchu de la faculté d'en user passé le « *bref délai seul et péremptoire* arbitré par les exécuteurs selon la qualité des matières et distances des lieux. »

L'ordonnance de 1566, art. 52, vient apporter une nouvelle et importante restriction à l'exercice du droit de rétention. Elle dispose que : « Pour faciliter les exécutions des arrêts et jugements et plusieurs involutions et longueurs, qui y sont par trop fréquentes et ordinaires, avons ordonné que donéravant, pour les réparations et méliorations adjugées aux condamnés, ne seront empêchées les exécutions des jugements pour le fait de possession et introduction en icelles des personnes qui auront obtenu jugement à leur profit, en baillant par eux caution bourgeoise et suffisante de payer lesdites réparations et méliorations, sitôt qu'elles seront liquidées, et demeurant la terre ou héritage pour ce regard affectée et hypothéquée audit paiement, sinon que le condamné les offrit liquider dans un mois pour tout délai. »

Je remarque que cette ordonnance semble n'admettre le droit de rétention, au profit du défendeur, que pour réparations et méliorations. Au reste, elle indique parfaitement que les dispositions rigoureuses édictées à l'égard du droit de rétention viennent de ce qu'il était, paraît-il, dans la pratique, un moyen auquel recouraient, sans motif sérieux et par pur esprit de chicane, les détenteurs condamnés à restituer, pour retarder leur dépossession.

Le désir de faire disparaître cet inconvénient a sans doute inspiré l'art. 54 de l'ordonnance de 1576, qui semble prohiber la rétention d'une manière absolue. Il est ainsi conçu : « Les condamnés purement et simplement à délaisser ou soi départir d'aucun héritage, seront tenus promptement ce faire après la sommation et signification qui leur en sera faite à personne ou domicile, nonobstant les oppositions qui seront formées par le condamné, sa femme, enfants, famille *pour quelque cause que ce soit*, sauf à se pourvoir sur icelles ainsi qu'il appartiendra...»

L'ordonnance de 1667, tit. 27, art. 9, au contraire, accorde expressément la rétention au défendeur, mais elle l'entoure des restrictions établies par les précédentes ordonnances. Comme elles aussi, elle parle spécialement du cas d'impenses faites par le possesseur, et s'il résulte de ses termes que le droit de rétention était accordé dans d'autres cas, on ne peut toujours en déduire aucune règle sur l'étendue qu'il faut lui reconnaître : « Celui qui aura été condamné à laisser la possession d'un héritage, en lui remboursant quelques sommes, espèces, impenses ou méliorations, *ne pourra être contraint de quitter l'héritage* qu'après avoir été remboursé; et à cet effet, il sera tenu de faire liquider les espèces, impenses et méliorations, dans un seul délai qui lui sera donné par l'arrêt ou jugement; sinon l'autre partie sera mise en possession des lieux, en donnant caution de les payer après qu'elles auront été liquidées. »

53. — Quel est donc le principe qui déterminait l'application du droit de rétention dans notre ancienne jurisprudence?

Nos commentateurs modernes répètent à l'envi, et comme une chose qui ne peut présenter aucun doute, que la rétention était admise dans notre ancien droit d'une manière générale chaque fois que ces trois circonstances concouraient : un tiers en possession de la chose d'autrui, — créancier du propriétaire, — et créancier *à raison de la chose même* détenue par lui. Voici, dit-on, comment les jurisconsultes formulaient le principe qui fixait l'étendue du droit de rétention : « Le droit de rétention ne peut être exercé qu'autant que la dette pour laquelle le détenteur l'invoque se trouve jointe à la chose, *debitum cum re junctum*. » (1)

La manière dont on s'exprime à cet égard donnerait à penser que cette règle constituait une maxime usuelle, un de ces principes qui se rencontrent dans tous les traités de droit. Il n'en est rien, et je regrette que nos commentateurs n'aient pas cité les sources sur lesquelles ils s'appuient, car il m'a été impossible de découvrir cette fameuse formule du *debitum cum re junctum*, non plus que l'idée qu'elle représente, dans les écrits des plus estimés jurisconsultes coutumiers, lesquels d'ailleurs,

(1) Mourlon, *Examen critique*, n° 230. — Dalloz, *Jurispr. Gén.*, v° rétention, n° 39.

suivant en cela l'exemple des textes qu'ils avaient à commenter, ne se sont que rarement occupés du droit de rétention, et toujours d'une manière accessoire.

Un semblable silence serait déjà étrange si cette maxime était, comme on la représente, une règle vulgarisée et universellement admise, mais il ne suffirait pas peut-être à lui seul pour que j'en puisse conclure à sa non-existence, puisqu'il ne m'a pas été donné de parcourir tous nos anciens jurisconsultes.

Mais ne suis-je pas autorisé à la déclarer inexacte, lorsque, ne la rencontrant dans aucun ouvrage de jurisprudence, j'y trouve au contraire des décisions qui seraient incompatibles avec elle, et qui supposent nécessairement qu'elle n'était pas reconnue? N'en puis-je pas conclure à sa non-existence? Les preuves que j'apporte sont d'autant plus remarquables que la rétention n'a que très-rarement attiré l'attention de nos jurisconsultes coutumiers.

Il est d'abord bien évident que cette nécessité, pour qu'il y eût rétention, que la créance du rétenteur fût née à l'occasion de la chose possédée, ne devait pas exister en ce qui touche le droit de rétention compris dans le gage. Je vais prouver qu'elle n'existait pas davantage en ce qui concerne le droit de rétention principal.

Dumoulin (1), examinant de quelle manière le tuteur

---

(1) *Tractatus contractuum et usurarum, quæstio 36, n° 278.*

ou le mineur dépourvu de curateur peut donner à un tiers préteur une garantie réelle sur les biens du pupille ou du mineur, leur offre cet expédient de « *constituere* « *quasi pignus seu quasi hypothecam in prædiis suis per* « *viam retentionis sive exceptionis, videlicet tradendo* « *prædia creditori.* » Le créancier, ainsi nanti du droit de rétention, le sera-t-il à raison d'une créance née à l'occasion de la chose? Évidemment non, puisqu'il est à peu près dans la position d'un créancier gagiste. C'est donc que Dumoulin ne reconnaissait point la prétendue règle du *debitum cum re junctum*.

Duparc-Poullain (1), examinant la question de savoir si la prescription de l'obligation opère la libération du gage, s'exprime ainsi : « Le gage ayant été livré au « créancier, il le possède toujours pour sûreté de son « crédit, et il ne peut être obligé de le remettre au dé- « biteur qu'en recevant le paiement. Il est vrai qu'après « trente ans le créancier ne pourrait pas forcer le débi- « teur de le payer et de reprendre son gage ; mais si le « débiteur réclamait le gage sous prétexte que l'obligation « serait éteinte par la prescription, le créancier aurait le « *droit d'excepter et de refuser cette restitution jusqu'à* « *ce que le débiteur l'eût payé.* » Ici, le droit de gage a été remplacé, dans les mains de l'ancien créancier ga-

____

(1) *Principes*, liv. 3, ch. 17, sect. 1, nᵒ 10 (t. 6, p, 237).

giste, par le droit de rétention principal ; mais sa créance est restée la même, et elle n'était pas née à l'*occasion de la chose* donnée en gage. Si donc Duparc-Poullain lui accorde, dans les circonstances qu'il indique, le droit de rétention, c'est qu'il ne reconnaît pas la nécessité du *debitum cum re junctum*.

Pothier (1), après avoir rappelé la loi unique au Code *Etiam ob chirographariam pecuniam,* ajoute : « Cette « décision de l'empereur Gordien a lieu dans notre ju-« risprudence. Quoique la dette pour laquelle une chose « m'avait été donnée en nantissement ait été entièrement « acquittée, si je me trouve encore créancier d'une autre « somme certaine et liquide du débiteur qui me l'a don-« née en nantissement, je pourrai la *retenir* pour cette « autre créance. » Nouvel échec à la règle supposée du *debitum cum re junctum.* Et ici il ne s'agit plus d'une décision isolée d'un jurisconsulte, mais d'une doctrine universellement reconnue.

Enfin, dans les pays de droit écrit, on accordait à la femme et même à ses enfants (2) le droit de retenir la possession des biens du mari jusqu'au remboursement de la dot. « *Moribus hodiernis,* dit Voët (3), *nec tantum per* « *actionem, sed et mediante retentione, vidua rerum*

---

(1) *Du Nantissement,* ch. 2, n° 47.
(2) Claude Serres, *Institutions,* p. 317 et 318.
(3) *Ad Pandectas,* lib. 24, tit. 3, § 9.

« *suarum restitutionem persequi nunc potest .... eamque*
« *in finem, non modo in domo mariti mortuaria rema-*
« *nere, sed et prædiorum mariti tum allodialium, tum*
« *feudalium possessioni incumbere, donec hæc omnia ipsi*
« *restituta sint.* » Et il cite un grand nombre d'auteurs
qui donnent la même décision.

Or, ici encore, la créance de la femme n'était évidemment pas née à raison des choses sur lesquelles s'exerçait sa garantie appelée *insistance*, nantissement ou droit
de rétention. C'est un argument de plus contre la doctrine de la connexité de la créance avec la chose retenue.

Je rencontre bien cette dernière idée dans un commentateur du droit romain (Voët), qui y mêle souvent les
principes et les règles de droit de son temps; mais il est
loin de l'ériger en principe. Après avoir énuméré plusieurs cas où il y a lieu à rétention, et dans lesquels la
créance n'a aucun rapport avec la chose retenue, il ajoute :
« *Præcipue retentioni locus est ob id quod occasione rei*
« *retentæ debetur, veluti ob impensas in eam factas.* » (1)
On voit que notre auteur ne reconnaît nullement la nécessité, pour qu'il y ait rétention, que la créance ait une
origine liée à la chose retenue elle-même; il se borne
à constater un fait que je suis tout disposé à admettre,
c'est que la rétention s'exerce le plus souvent pour des

______
(1) *Ad Pandectas, De compensat.*, § 20.

créances nées *occasione rei retentæ,* ce qui s'explique parfaitement, parce qu'il arrivera très-fréquemment que dans ce cas le créancier sera nanti de la chose de son débiteur, tandis que pour d'autres créances cela arrivera très-rarement.

54. — Ce système écarté, la question de l'étendue d'application que recevait le droit de rétention dans notre ancienne jurisprudence reste entière ; je vais essayer de la résoudre.

J'ai établi précédemment que c'est sous l'influence de la législation romaine que le droit de rétention s'est introduit dans toute la France. Pour déterminer son étendue, il importe donc de se reporter aux pays où ce droit a été reçu comme droit-loi, et d'y rechercher l'interprétation qui lui a été donnée dans la matière qui m'occupe. Sut-on reconnaître au droit de rétention le caractère de généralité qu'il avait à Rome, comme je l'ai montré dans la première partie de ce travail? Non ; toute autre fut l'interprétation qu'on donna au droit romain. Méconnaissant le caractère de généralité de la rétention, les commentateurs proclamèrent une règle opposée : « *Retentio tribuitur reo certis tantum in causis,* » dit Doneau, et il essaie une énumération des cas dans lesquels il y a lieu à rétention (1) Ainsi, suivant Doneau, il n'y a rétention que

(1) T. 6, p. 854, § 8.

dans des cas déterminés. Ce sont ceux qui ont été examinés par les jurisconsultes romains, ce sont les espèces qu'ils ont prévues et celles que l'usage y a ajoutées. Hors de ces cas, il n'y a pas lieu à rétention.

Et ce n'est pas là l'opinion isolée d'un interprète, mais bien une maxime généralement reçue.

Voët, en effet, ne s'exprime pas à cet égard d'une manière moins positive (1) : « *Pluribus autem in causis, retentio usum invenit.* » Évidemment le commentateur considère la rétention comme n'ayant lieu que dans certains cas déterminés et limités, et ces cas il les énumère. Quelques lignes plus loin, à la fin du même paragraphe, il précise davantage sa pensée : « *Jus retentionis a lege vel consuetudine datum est;* » et ailleurs : « *Leges..... retentionem tribuunt.* » (2)

Tel est donc le principe que les interprètes du droit romain à cette époque avaient cru y rencontrer. Tel est aussi, d'après ce que j'ai dit de l'influence de la législation romaine sur le droit des pays de Coutumes, le principe qui réglait l'application de la rétention dans ces derniers pays. Elle avait lieu chaque fois qu'une disposition de la Coutume, ou, à défaut, un texte du droit romain en autorisait l'exercice.

Cette spécialité de la rétention se trouve indiquée dans

(1) *Ad Pandectas, De compens.,* § 20.
(2) *De pignorib. et hypoth.,* § 1 in fine.

le passage suivant de Pothier : « Lorsque, sur l'action
« de revendication, le demandeur a justifié de son droit,
« le possesseur est condamné à lui délaisser la chose
« revendiquée; mais *dans certains cas*, lorsque le pos-
« sesseur a déboursé quelque somme ou contracté quelque
« obligation pour la libération, la conservation ou l'amé-
« lioration de la chose qu'il est condamné à délaisser, le
« possesseur qui excipe de ces impenses n'est condamné
« à la délaisser qu'à la charge par ie demandeur de le
« rembourser au préalable de ce qu'il a déboursé, et de
« l'indemniser. » (1) Il résulte bien de ces lignes, où
Pothier ne s'occupe d'ailleurs que de la rétention pour
impenses, que le droit de rétention n'avait lieu que dans
des cas spéciaux et déterminés.

II.

CONDITIONS DE L'EXISTENCE DU DROIT DE RÉTENTION.

55. — De ce que je viens de dire il résulte que trois
conditions sont indispensables pour qu'il y ait lieu à rétention : 1° qu'une personne soit en possession d'une
chose appartenant à autrui; 2° qu'elle soit créancière de
celui dont elle détient la chose; 3° qu'elle soit autorisée

---

(1) *Domaine de propriété*, 2° partie, ch. 1ᵉʳ, art. 6, n° 343.

par la loi ou par la coutume à retenir cette chose jusqu'au paiement de sa créance.

Quant à la première condition, elle est tellement de
l'essence du droit de rétention, qu'elle doit se rencontrer
inévitablement partout où ce droit lui-même sera admis.
Mais pour qu'elle soit remplie il n'est pas nécessaire
qu'un véritable droit de possession appartienne au rétenteur; il suffit qu'il ait la simple détention de la chose.
Ainsi, « le conducteur peut user de rétention de la mai-
« son louée pour les réparations faites du consentement
« du locateur, quand les réparations sont liquides et né-
« cessaires. » (1)

De même, s'il faut de toute nécessité que le défendeur
soit créancier du demandeur pour prétendre au droit de
rétention, il n'est pas nécessaire que cette créance existe
civilement; le droit de rétention garantit une simple
obligation naturelle (2).

Tous ces principes ne diffèrent pas de ceux que j'ai
exposés en droit romain, et je ne m'y arrête pas davantage.

La troisième condition, au contraire, est toute nouvelle; mais j'ai exposé au numéro précédent ce qui la
concerne.

____

(1) Duret. — *Alliance des lois romaines avec le droit français,*
§ 120.
(2) Duparc Poullain. — *Principes,* liv. 3, ch. 17, n° 10.

III.

CARACTÈRES DE LA RÉTENTION.

58. — Ces caractères sont les mêmes qu'en droit romain. La rétention, dans notre ancienne jurisprudence, est toujours un droit réel, accessoire, indivisible, conventionnel ou légal.

C'est un droit réel. — Cela est incontestable pour le droit de rétention qui fait partie du gage. « Le contrat « de gage, dit Duparc-Poullain (1), est une convention « portant la tradition réelle et actuelle du meuble cor- « porel appartenant au débiteur, entre les mains du « créancier pour sûreté de ce qui lui est dû, et *il a la pré- « férence à tous créanciers sur la chose qui lui a été li- « vrée,* sans pouvoir être obligé de s'en dessaisir jusqu'à ce « qu'il soit payé du total en principaux intérêts et frais. »

Il faut dire la même chose du droit de rétention prin- cipal. On lit dans les Coutumes notoires, C. 50 : « Dépens « d'hostelage livrés par hostes à pèlerin et à ses chevaux « sont privilégiés et présents et à payer devant toute autre « dette sur les biens et chevaux hostelés; et les peut « l'hostelier *retenir* jusques à paiement des dépens faits

(1) *Principes,* liv. 3, ch. 20, n° 3.

« par lui aux pèlerins et à leurs chevaux…, *et si aucun*
« autre créancier veut lever iceux biens et chevaux par la
« main du roi hors de l'hostel dudit hoste, il a juste cause
« de soi opposer afin qu'il soit payé avant tous autres
« créanciers. » (1)

Mais peut-être pourrait-on dire que le droit de préférence reconnu à l'hôtelier dans la seconde partie de l'article résulte, non pas du droit de rétention qui lui est concédé, mais du privilége que lui accorde la première partie du même article. Je vais citer des preuves à l'abri de toute incertitude semblable, et par suite complètement convaincantes.

Nous voyons en effet dans Basnage (2) que le tiers détenteur d'un fonds hypothéqué peut user de rétention vis-à-vis des créanciers hypothécaires qui ont formé action contre lui, jusqu'à ce qu'il ait été remboursé de ses améliorations; ce qui n'aurait pas eu lieu si le droit de rétention n'avait constitué qu'une simple exception de créancier à débiteur.

De même, Duparc-Poullain (3) dit que le tiers détenteur « *a la reprise par préférence* des édifices nécessaires « ou utiles qu'il aurait faits et qui auraient augmenté la

(1) *Adde*, Jean Desmares, décision 176. — Coutume de Paris, art. 175.

(2) *Traité des hypothèques*, ch. 16.

(3) *Principes*, liv. 3, ch. 20, sect. 5, n° 159 (t. 7. p. 298,

« valeur de l'héritage, *quatenus pretiosior res facta est.* »

Et Claude Serres (1), après avoir dit « qu'on suit en
« ce royaume la décision de la rubrique du Code *Etiam*
« *ob chirographariam pecuniam pignus retineri posse*, en
« sorte qu'un engagiste peut retenir le fonds engagé jus-
« qu'à ce que le débiteur lui ait payé non-seulement le
« prix de l'engagement, mais encore les autres sommes
« qu'il peut lui devoir d'ailleurs au-delà du prix de l'en-
« gagement (2), » ajoute : « Le créancier nanti dudit
« gage a droit de le retenir jusqu'à ce qu'il soit payé des
« sommes qui lui sont dues par le débiteur en capital et
« intérêts, outre et par dessus celle qui fait le sujet de
« l'engagement, *et cela même au préjudice d'un créancier*
« *antérieur et par préférence.* »

Enfin, l'un des jurisconsultes les plus considérables de
notre droit coutumier, Dumoulin, nous affirme en termes
exprès la réalité du droit de rétention : « *Jus retentionis*
« *est reale,* » dit-il; et il ajoute en parlant de celui qui
en est investi : « *Quia præfertur omnibus proprietariis*
« *et directis et utilibus, et omnibus creditoribus etiam*
« *hypothecariis, etiam hypotheca expressa, nedum ta-*
« *cita.* » (3) Et ailleurs : « *Retentio impensarum nomine*

---

(1) *Institution du droit français*, liv. 2, tit. 8, § 1.

(2) On sait que ces expressions : *engage, engagement*, sont, dans
notre ancien droit, synonymes de *gage.*

(3) Sur Paris, tit. 11, art. 138, nᵒˢ 16 et 17.

« *etiam adversus creditorem hypothecarium competit.* » (1)
Ailleurs encore : « *Retentionis beneficio et jure exceptio-*
« *nis, potior erit (creditor) omnibus jus posterius præten-*
« *dentibus. Quia quemadmodum jure exceptionis poterat*
« *excludere debitorem, ita et omnes causam habentes ab*
« *eo post jus retentionis acquisitum : quod singulariter*
« *notandum.* » (2)

Ainsi, la rétention constituait bien un droit réel sous
notre ancienne jurisprudence.

57. — C'était, de plus, un droit accessoire. — On ne
peut, en effet, le comprendre indépendamment de l'existence d'une créance à laquelle il se rattache, et dont il
garantisse le paiement.

58. — Il était indivisible. — Ce caractère est constaté
par Pothier en ce qui concerne le droit de rétention compris dans le gage. « Il n'y a, dit-il, ouverture à l'action
« *pigneratitia directa* pour la restitution de la chose
« donnée en nantissement que lorsque le créancier à qui
« elle a été donnée a été entièrement payé de la dette,
« ou qu'il a satisfait; *omnis pecunia exsoluta esse debet*
« *aut eo nomine satisfactum esse ut nascatur pigneratitia*
« *actio* (L. 9, § 3, ff, *De pign. act.*). La loi dit *omnis*;

---

(1) D°, tit. 1, § 1, gloss. V, v° *le fief*, n° 94.
(2) *Tractatus contractuum et usurarum, quæstio* 36, n° 278.

« pour peu qu'il reste quelque chose dû de la créance
« pour laquelle la chose a été donnée en nantissement,
« il n'y a pas ouverture à l'action directe, et le débiteur
« n'est pas encore recevable à demander la restitution ni
« de ce qu'il a donné, ni même de la moindre partie de
« ce qu'il a donné en nantissement. La raison est que le
« droit de gage ou nantissement est quelque chose d'in-
« divisible, *individua est pignoris causa.* » (1)

Il en est de même du droit de rétention principal qui,
d'après Dumoulin (2), constitue *quasi pignus seu quasi
hypothecam.*

59. — Le droit de rétention est conventionnel ou tacite. — Est conventionnel celui qui est attaché au gage,
dont il forme un des éléments. Le droit de rétention
principal a lui-même quelquefois son origine dans la
convention des parties (3). Le droit de rétention tacite
résulte ou de la loi ou de la coutume. Leurs effets et
leurs caractères sont les mêmes.

(1) *Nantissement*, ch. 2, n°s 42 et 43.
(2) *Tractatus contractuum et usurarum, quæstio* 36, n° 278.
(3) Dumoulin, *loc. cit.*

IV.

DROITS QUE LA RÉTENTION CONFÈRE AU CRÉANCIER.

60. — J'ai constaté qu'à Rome la rétention ne donnait au créancier que le droit de se refuser à la restitution de la chose détenue tant qu'il n'était pas désintéressé, c'est-à-dire un droit de préférence indirect, mais point de droit d'expropriation différent de celui qui appartient à tout créancier, et aucun droit de suite.

Dans notre ancienne jurisprudence, il ne peut faire doute que la rétention procurât au créancier le droit de préférence. Cela résulte de nombreux textes que j'ai cités au paragraphe précédent.

Si le rétenteur se trouvait simplement en présence de créanciers purement chirographaires, l'application du droit ne pouvait présenter aucune difficulté. Mais qu'arrivait-il si le rétenteur se trouvait en présence de créanciers ayant aussi eux des causes de préférence sur la chose retenue? En d'autres termes, quel rang appartenait au droit de préférence attaché à la rétention dans le règlement des droits appartenant à des tiers sur l'objet retenu?

Il semble bien que le droit de rétention devait l'emporter sur tous les autres, puisque le bénéfice qui en

résulte est particulièrement lié à la possession que le rétenteur a le droit de conserver jusqu'à complet paiement.
C'est aussi ce qui résulte des passages déjà cités et si
explicites de Duparc-Poullain (1), Claudes Serres (2) et
Dumoulin (3).

Cependant d'autres textes paraissent exprimer cette doctrine, que le droit de préférence du rétenteur ne l'emporte
que sur ceux des autres ayant-droit postérieurs en
date (4). Peut-être l'opinion des jurisconsultes n'était-elle
pas parfaitement fixée à cet égard.

61. — Dans notre ancien droit français, le droit de
préférence accordé au rétenteur ne se perdait point avec
la possession. On peut dire qu'à côté du droit de préférence la rétention conférait au créancier un véritable droit
de suite.

Ainsi Duparc-Poullain, parlant du tiers détenteur en
présence des créanciers hypothécaires, dit que « il a la
« *reprise* par préférence des édifices nécessaires ou utiles
« qu'il aurait faits... » (5) Or, cette expression « *reprise
par préférence* » embrasse tout à la fois et le cas où le

(1) *Principes*, liv. 3, ch. 20, n°s 3 et 159.
(2) *Institutions*, liv. 2, tit. 8, § 1.
(3) Sur Paris, tit. 11, art. 138, n°s 16 et 17.
(4) Dumoulin, *Tractatus contractuum, quæstio* 36, n° 278. — Duparc-Poullain, *Principes*, liv. 3, ch, 20, sect. 7, n° 215 *in fine*.
(5) *Principes*, liv. 3, ch. 20, sect. 5, n° 159.

tiers détenteur obtient son paiement par voie de rétention, et celui où il l'obtient par voie d'action ; elle semble même désigner plus spécialement ce dernier.

Dumoulin suppose bien ce droit de suite lorsqu'il dit : « *retentio et persecutio impensarum nomine etiam adversus* « *creditorem hypothecarium competit.* » (1)

Et Guy Coquille est aussi explicite que possible sur ce point : « Quand aucun, dit-il, qui pouvait user de réten- « tion de la chose s'en est départi sans être remboursé, « *il a son action à ce que la jouissance lui soit ré-* « *tablie.* » (2)

V.

VOIES JURIDIQUES PAR LESQUELLES S'EXERCE LA RÉTENTION.

62. — En droit romain, le droit de rétention est exclusivement un moyen de défense que peut opposer le détenteur à l'action qui a pour but de l'évincer de la possession de la chose retenue. Comme il est essentiellement lié à cette possession, du moment que le possesseur s'en dépouille ou en est privé accidentellement, il s'évanouit. Il n'existe même pas de voie juridique qui supplée

(1) Sur Paris, tit. 1, § 1, gloss. 5, v° *le fief.*

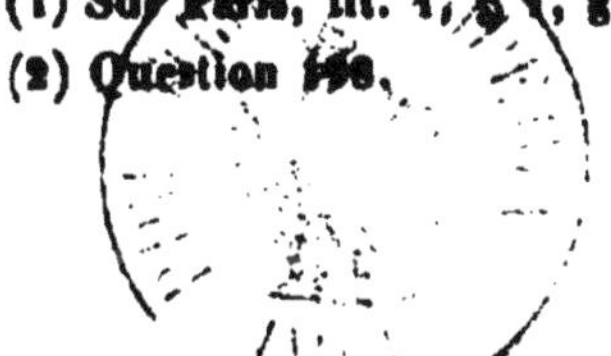

(2) Question 196.

résulte est particulièrement lié à la possession que le rétenteur a le droit de conserver jusqu'à complet paiement. C'est aussi ce qui résulte des passages déjà cités et si explicites de Duparc-Poullain (1), Claudes Serres (2) et Dumoulin (3).

Cependant d'autres textes paraissent exprimer cette doctrine, que le droit de préférence du rétenteur ne l'emporte que sur ceux des autres ayant-droit postérieurs en date (4). Peut-être l'opinion des jurisconsultes n'était-elle pas parfaitement fixée à cet égard.

61. — Dans notre ancien droit français, le droit de préférence accordé au rétenteur ne se perdait point avec la possession. On peut dire qu'à côté du droit de préférence la rétention conférait au créancier un véritable droit de suite.

Ainsi Duparc-Poullain, parlant du tiers détenteur en présence des créanciers hypothécaires, dit que « il a la « *reprise* par préférence des édifices nécessaires ou utiles « qu'il aurait faits... » (5) Or, cette expression « *reprise par préférence* » embrasse tout à la fois et le cas où le

(1) *Principes*, liv. 3, ch. 20, n°° 3 et 159.
(2) *Institutions*, liv. 2, tit. 8, § 1.
(3) Sur Paris, tit. 11, art. 138, n°° 16 et 17.
(4) Dumoulin, *Tractatus contractuum*, quæstio 36, n° 278. — Duparc-Poullain, *Principes*, liv. 3, ch. 20, sect. 7, n° 215 *in fine*.
(5) *Principes*, liv. 3, ch. 20, sect. 5, n° 159.

tiers détenteur obtient son paiement par voie de rétention, et celui où il l'obtient par voie d'action ; elle semble même désigner plus spécialement ce dernier.

Dumoulin suppose bien ce droit de suite lorsqu'il dit : « *retentio et persecutio impensarum nomine etiam adversus* « *creditorem hypothecarium competit.* » (1)

Et Guy Coquille est aussi explicite que possible sur ce point : « Quand aucun, dit-il, qui pouvait user de réten- « tion de la chose s'en est départi sans être remboursé, « *il a son action à ce que la jouissance lui soit ré-* « *tablie.* » (2)

V.

VOIES JURIDIQUES PAR LESQUELLES S'EXERCE LA RÉTENTION.

62. — En droit romain, le droit de rétention est exclusivement un moyen de défense que peut opposer le détenteur à l'action qui a pour but de l'évincer de la possession de la chose retenue. Comme il est essentiellement lié à cette possession, du moment que le possesseur s'en dépouille ou en est privé accidentellement, il s'évanouit. Il n'existe même pas de voie juridique qui supplée

(1) Sur Paris, tit. 1, § 1, gloss. 5, v⁰ *le fief.*
(2) Question 146.

d'une manière générale le droit de rétention dont n'a pas usé le défendeur. Aussi arrive-t-il fréquemment que la rétention soit le seul moyen qu'ait le défendeur d'obtenir le paiement de la créance garantie par elle; de la rétention éteinte ne naît point une action subsidiaire qui lui permette de réclamer ce paiement; que si, à côté du droit de rétention une telle action se trouve aux mains du créancier, elle a toujours une origine complètement étrangère à ce droit.

Il n'en est plus de même dans notre ancienne jurisprudence. Sans doute la rétention reste toujours principalement et avant tout un moyen de défense, mais le détenteur qui ne l'a pas opposée peut toujours poursuivre par voie d'action le paiement qui lui est dû. Ce résultat fut dû en grande partie à l'interprétation que le glossateur Martinus et Cujas avaient donnée du système romain, interprétation qui avait fait fortune. Dumoulin la développe longuement et n'hésite pas à se l'assimiler (1).

« En aucunes lois des Romains, dit Guy Coquille (2), se trouve que celui qui à ses dépens a édifié ou fait autre amélioration en l'héritage d'autrui, s'il a ce fait étant possesseur de mauvaise foi, il n'a point d'action pour répéter tels frais, ains seulement peut user de rétention

(1) Sur Paris, tit 1, § 1, gloss. 5, n⁰ˢ 102 et suiv.
(2) Question 198.

de la chose jusqu'à ce qu'il soit remboursé; ou bien, quand il a fait des impenses en l'héritage d'autrui qu'il pensait être sien, il a droit de rétention et n'a point d'action parce que son intention n'a pas été d'obliger à soi... Martinus et Azo, anciens glossateurs, ont dit que de vrai, selon le droit étroit, pour de tels frais il n'y a point d'action directe, mais que l'action utile est octroyée pour répéter telles impenses... Et je suis de même avis. Partant qu'ès cas où la loi dit que celui qui a frayé n'a point d'action, ains seulement rétention, soit entendu de l'action directe; et néanmoins qu'il puisse exercer l'action utile... *Imo* quand aucun qui pouvait user de rétention de la chose s'en est départi sans être remboursé, *il a son action à ce que la jouissance lui soit rétablie.* »

Claude Serres (1) proclame la même règle en indiquant même plus nettement le nouveau principe de la législation : « Suivant le droit romain, etc... Mais en France, où les formules des actions sont abrogées, et où l'on ne s'attache qu'à l'équité, il est indifférent, quant au remboursement des bâtiments et réparations, que l'on soit en possession du fonds ou qu'on n'y soit plus, et on peut le demander directement et sans circuit. »

Cette action subsidiaire n'est même pas une simple action personnelle, c'est plutôt une véritable action réelle,

_____

(1) *Institution du Droit Français*, liv. 2, tit. 1, § 30.

laquelle procure au demandeur les mêmes avantages que, jouant le rôle de défendeur, il eût obtenu au moyen de la rétention. Je l'ai établi plus haut.

VI.

EXTINCTION DU DROIT DE RÉTENTION.

63. — Le droit de rétention s'éteint par voie accessoire ou principale.

Droit accessoire, il périt chaque fois que vient à périr l'obligation pour sûreté de laquelle il est accordé.

D'autre part, il a ses modes propres d'extinction indépendants de l'existence ou de la perte de la créance qu'il garantit.

Son extinction par voie principale se produira par la renonciation que fera le rétenteur au bénéfice qui lui appartient. Mais cette renonciation devra être expresse; le simple abandon de la possession ne la ferait pas supposer, et, dans ce cas même, le possesseur aurait une action pour se faire restituer la possession à l'effet d'exercer sa garantie (1). C'est là une différence capitale avec ce qui avait lieu à Rome.

Un autre mode d'extinction par voie principale consis-

____

(1) Guy Coquille, question 198.

tera dans la perte de la chose objet de la rétention.

Ces deux modes, nous les avons rencontrés dans la législation romaine. Il faut en mentionner un autre spécial à notre ancien droit : le droit de rétention sera encore éteint lorsque le défendeur n'aura pas fait liquider la créance pour laquelle il l'invoque dans le délai qui lui aura été imparti par le juge (ord. de 1539, art. 97), ou qui a été fixé par la loi (ord. de 1566), ou lorsque le demandeur lui aura fait l'offre d'une caution (ord. de 1667). Cette dernière garantie se trouvera alors complètement et forcément substituée à celle, bien préférable, qui résultait du droit réel de rétention.

VII.

AVANTAGES DU DROIT DE RÉTENTION.

84. — L'utilité de la rétention pour le créancier se trouve d'un côté diminuée, de l'autre augmentée dans notre ancien droit, si on la compare à l'utilité qu'elle présentait en droit romain.

Elle se trouve diminuée, car il n'existe plus de cas dans lesquels elle soit le seul moyen pour le créancier d'obtenir paiement. A côté d'elle, il existe toujours en faveur du créancier une action subsidiaire. Et, d'autre part, elle ne peut plus s'exercer avec la même énergie qu'à Rome : ainsi, elle est enfermée dans un délai fatal, subordonnée même, quant à son existence, à la faculté qu'a le débiteur de donner une autre garantie qui ne peut être refusée par le créancier.

Elle se trouve augmentée; car au simple droit de préférence indirect qu'elle attribuait au créancier se trouve substitué un droit de préférence complet, et à ce droit de préférence vient se joindre un droit de suite.

SECTION II.

Applications.

DE LA RÉTENTION POUR IMPENSES.

65. — Parmi le très-petit nombre de documents que nous présente notre ancien droit relativement à la rétention, la plupart sont relatifs au cas où la rétention s'exerce à raison des impenses faites par un tiers possesseur sur la chose d'autrui (1).

(1) Ord. de 1539, art. 97. — Ord. de 1566, art. 52. — Ord. de 1667, tit. 27, art. 9. — Dumoulin, sur Paris, tit. 1, § 1, gloss. 5, n°° 76, 77, 82, 94, 102 et suiv. — D'Argentré, 6° édit., col. 860, D. — Guy Coquille, sur Nivernais, ch. 32, art. 13. — Basnage, Hypothèques, ch. 16, et Cout. de Norm. sur les art. 125, 489. — Jean Desmares, Déc. 346. — Duret, *Alliance des lois romaines avec le droit français*, § 181. — Charondas, Réponses, livre 10, Rép. LXV. —

Nos anciens jurisconsultes ont suivi sur ce point la théorie romaine, en lui faisant subir quelques modifications.

Ils distinguent les impenses en nécessaires, utiles et voluptuaires, et les possesseurs en possesseurs de bonne foi et de mauvaise foi.

Pour les impenses nécessaires, tout détenteur a la rétention, sans qu'il y ait lieu de rechercher s'il est de bonne ou de mauvaise foi. Cependant, en matière de retrait, quelques Coutumes exigeaient qu'elles eussent été faites par autorité de justice. On voulait écarter tout ce qui aurait pu mettre obstacle à l'exercice des retraits.

Quant aux impenses utiles, le possesseur de bonne foi seul pouvait user de rétention, et simplement pour la plus-value qu'elles avaient causée. Il faut même en excepter la matière des retraits : « *Utiles in revocatoria* « *non attenduntur*, dit Grimaud (1), *ne tantorum sump-* « *tuum occasione rei emptæ in gratiam dolosi emptoris* « *cedere cogatur*. » « En retrait lignager ou convention- « nel, payer les réparations nécessaires seulement (2). »

Pothier, *Domaine de propriété*, nᵒ 343. — Serpillon, sur l'Ord. de 1667. — Ferrière, Dictionnaire, voy. Impenses. — Despeisses, *Des droits seigneuriaux*, art. 5, nᵒ 20 *tertio*; *De la Dot*, sect. 3, nᵒ 75.

(1) *Des retraits*, liv. 3, ch. 1.

(2) Angoulême, 79; — Anjou, 378.

« En retrait, rembourser les dépenses nécessaires, non
« les autres (1). » Mais cette règle n'était pas universellement admise. Des Coutumes admettaient la règle contraire : « Retrayant est tenu payer les réparations utiles
« faites sans fraude. » (2)

La rétention n'est pas accordée en général pour les
impenses voluptuaires; le détenteur n'a que la faculté de
les enlever sans détérioration. Cependant Boutaric, cité
par Serpillon (3), l'accorde même en ce cas au possesseur
de bonne foi.

Alors même que la rétention est accordée, ce n'est pas
sans quelques limitations. Ainsi, il faut déduire de la
somme à restituer par le demandeur la valeur des fruits
perçus par le possesseur. Ainsi encore, si la plus-value
est tellement considérable que le propriétaire n'ait pas la
commodité d'en faire le remboursement avant que de rentrer dans son héritage, on lui permet d'y rentrer en se
chargeant envers le possesseur d'une rente d'une somme
approchant de ce dont le revenu de l'héritage a été augmenté par les impenses, rente à laquelle l'héritage reste
affecté par privilége (4).

___

(1) Mantes, 84.
(2) Montargis, ch. 16, § 14; — Orléans, 293.
(3) Sur l'Ord. de 1667, tit. 27, art. 9.
(4) Pothier, *Domaine de propriété*, n° 347.

Quant au possesseur de mauvaise foi, on lui refuse généralement tout droit aux impenses utiles. Pothier seul nous dit qu'il était laissé à la prudence du juge à décider, suivant les différentes circonstances, si le propriétaire doit le rembourser des impenses utiles jusqu'à concurrence de ce que l'héritage revendiqué en est devenu plus précieux.

DROIT ACTUEL.

—

—

SECTION. I.

Principes généraux.

I.

ORIGINE ET FONDEMENT DE LA RÉTENTION; SON ÉTENDUE.

66. — Les rédacteurs de nos Codes, suivant en cela
l'exemple des législations antérieures, n'ont point donné

dans leur œuvre une place à part à la rétention. Ce droit n'a pas même été l'objet de dispositions qui l'organisent à un point de vue général et expriment quels sont ses caractères. Il se trouve seulement mentionné dans quelques textes épars çà et là. (C. N., 545, 867, 1612, 1613, 1673, 1749, 1885, 1948, 2082, 2087 ; — C. de Comm., 306, 577 ; — loi des 7 juin-5 août 1791, art. 21 ; — loi du 3 mai 1841, art. 53.)

La même idée d'équité qui lui avait donné naissance à Rome l'a fait introduire dans notre droit, ou plutôt conserver, puisque l'étude précédente a permis de constater que du droit romain il avait passé modifié dans notre ancienne jurisprudence. Sa légitimité est donc la même.

67. — Mais sauf cette question de l'origine et de la légitimité du droit de rétention, sur laquelle tout le monde est d'accord, les plus profonds dissentiments s'élèvent entre les auteurs sur les principes les plus importants de cette matière.

Le silence presque absolu du Code sur les caractères d'un droit qu'il n'a fait que nommer en quelques endroits devait causer cette incertitude et ces désaccords.

La première question que je dois examiner, celle de l'étendue d'application de la rétention, est aussi celle qui divise peut-être le plus les esprits, et qui se trouve entourée de plus de difficultés.

Un point certain, c'est que la rétention n'est dans notre

droit qu'une application restreinte du principe d'équité qui lui sert de fondement, principe qui avait reçu une si large application en droit romain. Ainsi, je ne dirai pas que le droit de rétention peut être opposé par le détenteur pour toute espèce de créance que ce détenteur peut avoir contre le réclamant.

Dans quelles limites peut-il donc être exercé? On répond généralement qu'il peut être exercé chaque fois que le détenteur invoquera contre le réclamant une créance qui aura pris naissance à son profit à l'*occasion de la chose retenue, propter debitum cum re junctum* (1).

C'est, on le voit, la reproduction de cette doctrine dont j'ai démontré l'inexactitude en droit romain et dans notre ancien droit; seulement, tandis qu'alors elle restreignait l'exercice de la rétention dans des limites plus étroites que celles qu'elle avait en réalité, aujourd'hui, si elle était acceptée, elle donnerait à ce droit une étendue d'application plus grande que celle qui lui appartient. Je la repousse donc encore une fois.

68. — Quel texte législatif renferme d'ailleurs expressément ou implicitement le prétendu principe dont il s'agit? Aucun.

Les jurisconsultes qui le posent se présentent comme

(1) Proudhon, *Domaine de propriété*, t. 2, n° 569. — Rauter, *Revue étrangère*, 1841, p. 769. — Zachariæ, t. 1, § 184. — Mourlon, *Examen critique*, n° 230. — Dalloz, *Rép. Gén.*, v° rétention, n° 24.

continuant une tradition juridique certaine, et invoquent l'ancien droit (1). Nous savons ce qu'il faut en penser.

A cet argument historique, ils joignent un appel à l'équité. Lorsqu'existent deux obligations corrélatives, dit-on, aucun des deux débiteurs ne peut être contraint d'exécuter son engagement si l'autre débiteur n'a pas déjà exécuté, ou s'il n'offre pas d'exécuter le sien (2). Mais cette règle n'est écrite nulle part dans la loi.

Il y a mieux, si d'une part rien dans la loi ne vient confirmer la prétendue règle du *debitum cum re junctum*, j'y trouve au contraire la preuve de sa fausseté.

En effet, certaines dispositions prohibent le droit de rétention : eh bien, il est à remarquer que cette prohibition a toujours lieu dans des cas où le droit de rétention, s'il avait existé, aurait garanti une créance née à l'occasion de la chose revendiquée. Tel est le cas de l'art. 1885, qui, dans la section « des engagements de l'emprunteur, » correspond à l'art. 1890 de la section « des engagements du prêteur. » De la combinaison de ces deux articles, il résulte que le législateur refuse la rétention à l'emprunteur à usage qui a été obligé, pour la conservation de la chose, à quelque dépense « extraordinaire, nécessaire, »

(1) Toullier, t. 3, n° 130. — Duranton, t. 4, n° 382. — Demolombe, *De la distinction des biens*, n° 622. — Montpellier, 25 nov. 1852, Graves C. Graves, *J. du P.* 1854, p. 257. — Cass., 25 mai 1852, Daillier, C. Lechesne et Cournet, D. P., 1852, 1, 279.

(2) Marcadé, sur l'art. 555, n° 5.

et qui se trouve ainsi créancier du prêteur à l'*occasion de la chose prêtée* (1).

(1) Cette interprétation de l'art. 1885 est contestée.

Dans un autre système, cette disposition ne serait que la répétition de l'art. 1293-2°; elle ne serait relative qu'à la compensation.

Mais le prêt à usage a toujours pour objet un corps certain, et la compensation ne peut s'opérer qu'entre deux dettes de quantités de même espèce (1291). Quelle était donc l'utilité pour le législateur d'établir une exception expresse à la compensation pour un cas où, d'après le principe même qu'il avait posé, elle était impossible?

Cette difficulté a embarrassé les auteurs. Suivant Delvincourt (t. 3, p. 190, n°ˢ 8 et 10), le législateur a prévu l'hypothèse où la dette de corps certain serait novée en une obligation de payer une somme d'argent, par exemple lorsque la chose aura péri par la faute de l'emprunteur; et il a entendu prohiber dans ce cas la compensation.

Toullier a fort bien remarqué que cette explication est inadmissible, puisque l'art. 1293 parle de la restitution de la chose prêtée elle-même, ce qui suppose nécessairement qu'elle existe encore.

Cependant Toullier lui-même, suivi en ce point par Troplong, est tombé dans une erreur non moins grande en proposant une autre explication de l'art. 1293-2°. Il s'appliquerait, suivant lui, au prêt de choses fongibles « qui peuvent être et sont quelquefois en effet l'objet d'un prêt à usage lorsque l'usage pour lequel elles sont prêtées n'en opère point la consommation. » (Toullier, t. 7, n° 383; — Troplong, prêt, n° 129.)

Mais dans ce cas, qui constitue le prêt appelé *ad pompam vel ostentationem*, les quantités prêtées au point de vue sous lequel elles ont été envisagées dans le contrat sont des corps certains. Toullier les qualifie à tort de choses fongibles, car la fongibilité ou non fongibilité d'une chose dépend uniquement de l'intention des parties; or, ici ce sont ces mêmes quantités et non d'autres que l'emprunteur devra restituer. Il n'y a donc pas de compensation possible.

En présence de ces impossibilités, de bons esprits pensent que le n° 2 de l'art. 1293 est une erreur législative; qu'oubliant le principe qu'il venait de proclamer quelques lignes plus haut (1290-1291), le

De même, l'art. 306 du Code de Commerce refuse au capitaine le droit de rétention sur les marchandises con-

législateur a, par inadvertance, reproduit les exceptions à la compensation qu'il rencontrait dans la loi romaine où ces exceptions avaient leur raison d'être, puisque la compensation ne s'y opérait pas de plein droit comme aujourd'hui, mais s'accomplissait par l'office du juge, et par conséquent pouvait avoir lieu entre toutes les dettes, quels qu'en fussent les objets.

Maintenant, faut-il admettre qu'après avoir commis une aussi lourde méprise les rédacteurs du Code l'aient reproduite dans l'art. 1885? Je ne puis le croire. Sans doute la formule de cette disposition est défec-tueuse; c'est à tort qu'on y a introduit le mot *compensation*, il ne doit pas être entendu dans son sens technique, exact. Cette réserve faite, le sens de l'article n'est point douteux : le législateur, repro-duisant la loi dernière au Code *commodato*, y refuse le droit de réten-tion à l'emprunteur.

Cette explication a le mérite d'être d'accord avec l'excellente règle de l'art. 1157, aussi bien applicable en matière d'interprétation des lois qu'en matière d'interprétation des conventions : « Lorsqu'une clause est susceptible de deux sens, on doit plutôt l'entendre dans celui avec lequel elle peut avoir quelque effet, que dans le sens avec lequel elle n'en pourrait produire aucun. »

Toullier est le premier qui l'ait proposée (t. 7, n° 384); elle a été acceptée par Duvergier et par Troplong (prêt, n° 127). Mais ces auteurs, tout en refusant le droit de rétention à l'emprunteur pour les autres créances qu'il peut avoir contre le prêteur, le lui accordent pour le recouvrement des impenses d'amélioration et de conservation faites à l'occasion de la chose prêtée.

Je ne puis partager ce sentiment, parce que, d'une part, ainsi que j'essaierai de l'établir plus loin, la rétention n'existe qu'autant qu'une convention formelle ou qu'une disposition expresse de la loi l'autorise, et que, d'autre part, la loi ici ne distingue point : elle refuse à l'em-prunteur le droit de retenir la chose d'une manière générale pour *ce que le prêteur lui doit*, termes qui comprennent évidemment toutes les créances que peut avoir l'emprunteur, quelle qu'en soit l'origine.

tenues dans son navire pour garantir le paiement de son fret; et cependant, ici, c'est bien encore une créance née *à raison de la chose*, et, relativement au propriétaire de la marchandise, un *debitum cum re junctum.*

On peut prétendre, il est vrai, que si la loi a refusé expressément la rétention au créancier dans quelques cas où la créance est *jointe à la chose*, c'est une marque

C'est à tort que pour donner le droit de rétention à l'emprunteur on argumente de l'art. 1948. Les deux hypothèses sont bien différentes : tandis que le dépositaire rend un service, le commodataire en reçoit un. On comprend parfaitement que la loi ait ressenti plus d'intérêt pour la position du premier, et lui ait assuré pour le recouvrement de sa créance une garantie que le second ne lui a pas semblé mériter. Si l'on objecte que, même en se plaçant à ce point de vue, l'art. 1885 était encore inutile, puisque, quand la loi ne veut pas concéder une garantie particulière il lui suffit de ne pas l'accorder, je réponds que notre article a eu pour but, suivant un procédé fort ordinaire aux rédacteurs du Code, de mettre fin à la controverse qui avait lieu sur ce point dans notre ancien droit. Tandis que Despeisses disait : « Commodataire ne peut retenir la chose pour ce qui lui est dû par le commodateur » (*Commodat.*, *quinto*, t. 1, p. 241 ; voyez aussi Ferrière, *Dictionn. de droit et de pratique*, v° *commodat.*; — Bourjon, *Prêt à usage*, sect. 2, n° 7, t. 1, p. 493), Pothier soutenait le contraire, mais seulement pour les dépenses faites à l'occasion de la chose (*Prêt à usage*, n°s 43 et 44). Et Voët disait de son côté : *Plane hodiernis moribus commodatarium prætextu non modo impensarum in rem commodatam factarum, sed et debiti cujuscunque alterius velamento rem commodatam retinere posse, dubium non est. (Ad pandect., commod.,* n° 10.)

Ce dernier texte, pour le dire en passant, est encore une preuve ajoutée à celles que j'ai produites ailleurs, que, dans notre ancienne jurisprudence, on n'exigeait pas pour accorder le droit de rétention la connexité de la créance avec la chose retenue.

qu'elle l'admet en principe dans des cas analogues, que sans cela sa prohibition ne se comprendrait plus.

Mais cette objection tombe complètement en présence de textes qui accordent la rétention au détenteur pour des créances qui ne sont pas nées à l'occasion de la chose détenue.

Tels sont les art. 2082-1°, et 2087 du Code Napoléon. Évidemment, en matière de gage et d'antichrèse, le droit de rétention existe par rapport à une créance qui ne se rattache pas à la chose donnée en nantissement. Mais mes adversaires placent eux-mêmes ces cas, où le droit de rétention se trouve découler d'une convention expresse, en dehors de leur principe du *debitum cum re junctum*, qui ne constitue, disent-ils, une condition essentielle de la rétention qu'autant que celle-ci ne résulte pas d'une convention. Je ne m'en prévaudrai donc pas, j'invoquerai des cas de rétention légale.

C'est, par exemple, le n° 2 de l'art. 2082, C. N. Ici, le droit de rétention découle bien de la loi, quoiqu'elle ne l'ait accordé au créancier détenteur que par une sage interprétation de l'intention des parties. La connexité de la créance avec la chose retenue devrait donc exister si le principe qu'on proclame est exact, et cependant elle n'existe pas plus certainement que dans le cas du gage proprement dit.

C'est encore l'article 1749, C. N. L'indemnité pour la garantie de laquelle le fermier ou le locataire a droit de rétention sur la ferme ou la maison qu'il occupe, n'est pas une créance née à raison de la chose, mais bien à raison du contrat de bail, de l'obligation personnelle dont le bailleur est tenu envers le preneur de le faire jouir pendant toute la durée du bail.

Pourquoi d'ailleurs eût-on exigé pour la rétention une connexité que l'on n'exige pas pour la compensation, laquelle a lieu, aux termes de l'art. 1293, C. N., « quelles que soient les causes de l'une ou l'autre des dettes » ?

L'un des partisans de la doctrine que je combats, M. Rauter, en a entrevu le côté faible; et dans plusieurs passages de son étude sur la rétention, il apporte au principe tel que je l'ai formulé plus haut des tempéraments qui, du reste, ne me semblent pas heureux. Ses restrictions sont assez obscures; on va en juger : « ... Si
« dans des *rapports nés de conventions ordinaires,* dit-il,
« par suite desquels la chose d'autrui se trouve entre nos
« mains, on peut admettre le droit de rétention pour des
« contre-prétentions fondées sur des dépenses qui se
« sont confondues avec la chose revendiquée, il faut se
« garder d'étendre cette décision à des *rapports jur'diques*
« *qui, comme le dépôt, la repoussent ouvertement.* Dans
« le cas d'un rapport de cette nature, la rétention ne

« peut être admise qu'*en vertu d'une disposition expresse*
« *de la loi.* » (1)

Qu'est-ce que M. Rauter entend par rapports nés de
conventions ordinaires? Cela demandait explication, car
c'est une distinction nouvelle en droit, j'imagine, que
celle des conventions en *ordinaires* et *extraordinaires;*
une pareille nouveauté valait bien la peine que son auteur
s'en expliquât plus complètement. Et quels sont ces *rapports juridiques qui repoussent ouvertement* la rétention?
Suivant quelles règles rangerait-on dans l'une ou l'autre
de ces catégories les diverses espèces dans lesquelles la
question de la rétention viendrait à naître? Mais le dépôt,
que cite M. Rauter comme excluant ouvertement la rétention, a si peu ce caractère, qu'elle eut lieu dans ce cas
en droit romain jusqu'à Justinien, et que le Code Napoléon a suivi sur ce point l'ancien droit romain.

Serait-ce une question laissée à l'appréciation du juge?
Telle est la pensée du jurisconsulte, car plus loin il ajoute,
après avoir rappelé l'existence de la rétention dans notre
ancienne jurisprudence : « Le juge ne doit pas se mettre
« légèrement en contradiction avec les usages anciens
« lorsque la loi positive ne les a pas elle-même con-
« tredits..., on doit les regarder comme un complément
« de cette loi, *complément de fait,* il est vrai, plutôt

(1) *Revue Étrangère*, 1841, p. 769 et suiv.

« que *complément ayant force de loi*, mais qui a l'effet
« juridique que nous venons de dire. » (1) Et ailleurs :
« Le juge, dans le doute, pourra, en se conformant à
« l'art. 4 du Code Napoléon, admettre le droit de réten-
« tion. »

69. — Mais précisément la loi positive a contredit les
usages anciens, puisqu'elle a réglé la matière de la rétention, et souvent d'une manière différente de ces
usages (2).

Lorsque la loi, en reconnaissant à certaines personnes
un droit de créance (C. N., 555, 570, 862, 1634, 1635,
1890, 2175), ne leur a pas conféré le droit de rétention qu'elle accorde dans des cas analogues (C. N., 867,
1673, 1948), c'est qu'elle a entendu le leur refuser; on
ne peut pas dire qu'il y ait lacune, et que les juges
puissent accorder le droit de rétention en s'autorisant de
la disposition de l'art. 4, C. N.

Puis, quel danger ne serait-ce pas, disons mieux, quelle
impossibilité n'est-ce pas de laisser à la volonté, à l'ar-
bitraire du juge, de disposer d'un droit réel, d'une sorte

---

(1) *Revue Étrangère*, 1839, p. 432. — Dans le même sens, Demolombe, *Distinction des biens*, n° 682.

(2) Ainsi notre ancien droit, copiant celui de Justinien, disait :
« Le dépositaire ne peut opposer aucune exception à la demande qu'on
lui fait du dépôt. » (Despeisses, n° 12.) Et cependant notre législateur
a écrit l'art. 1948, C. N.

de cause de préférence en faveur d'un créancier ou contre lui (1)?

En qualifiant ainsi la rétention de droit réel, j'anticipe sur la marche que j'ai adoptée dans cet essai; mais je suis contraint actuellement d'affirmer ce que j'aurai à démontrer tout à l'heure, car la question de la nature du droit de rétention se lie essentiellement à celle de son étendue.

En effet, étant une fois admis que la rétention constitue un droit réel, conférant au créancier qui en est investi une garantie spéciale, des avantages particuliers à l'encontre des autres créanciers de son débiteur, on arrive aisément à déterminer le principe qui doit en régir l'application. Les biens d'un débiteur étant le gage commun de ses créanciers, et le prix s'en distribuant entre eux par contribution chaque fois que la loi n'en a pas décidé autrement en créant au profit de l'un d'eux certains avantages (C. N., 2093), il faut bien reconnaître que la rétention ne devra être admise que dans les cas où la loi l'autorise formellement. Il est d'axiome, en droit, que l'interprétation restrictive est seule admissible en matière de préférence entre créanciers.

(1) Rien n'empêche les tribunaux d'accorder, quand ils le jugent convenable, un certain délai au possesseur pour l'exécution de son obligation de restituer; mais ce sera en vertu du principe de l'art. 1244, C. N. C'est une faculté pour les tribunaux, non un droit pour le possesseur. Cette faveur n'a rien de commun avec le droit de rétention.

II.

CONDITIONS GÉNÉRALES DE L'EXISTENCE DU DROIT DE RÉTENTION.

70. — De ce que je viens de dire, il résulte que trois conditions sont indispensables pour qu'il y ait rétention :

1° Que l'on soit en possession de la chose à retenir.

Cette condition, qui résulte déjà suffisamment de la nature même des choses, puisque pour *retenir* il faut nécessairement *détenir*, est d'ailleurs fréquemment rappelée par les textes. (C. N., 867, 1673, 1749, 2082, 2087.)

« Attendu, dit la Cour de Cassation, en ce qui concerne « le droit de rétention, que *ce droit a nécessairement son* « *principe dans l'occupation de la chose sur laquelle on* « *prétend l'exercer*, et s'évanouit du moment où l'on s'est « volontairement dessaisi de cette chose. » (1)

Il ne s'agit pas ici d'une possession à titre de propriétaire, mais bien d'une simple détention. En effet, nous voyons le droit de rétention accordé à de simples détenteurs précaires, le fermier (C. N., 1749), le dépositaire. (C. N., 1948.)

Il n'est même pas d'une absolue nécessité que le

---

(1) Cass., 4 août, 1852, Courroux, C. Bouquet-Dupin, D. P., 1853, 1, 297. — Conf., Troplong, *Priviléges*, n° 259.

créancier détienne par lui-même la chose sur laquelle il a le droit de rétention. Au cas de gage conventionnel, les parties ont pu convenir que le gage serait mis et resterait en la possession d'un tiers désigné par elles (C. N., 2076). Mais il ne faut pas voir là une exception à notre principe, car ce tiers possède au nom et pour le compte du créancier.

71. — 2° Que l'on soit créancier du propriétaire de cette chose.

Quand je parle d'une créance devant exister vis-à-vis du propriétaire de la chose retenue, j'exprime le cas le plus ordinaire, mais je n'entends point dire qu'il soit de l'essence du droit de rétention de ne s'exercer que pour une dette dont soit tenu le propriétaire de l'objet retenu.

Il peut arriver qu'une chose appartenant à une autre personne que le débiteur soit soumise au droit de rétention pour la garantie de la dette.

Cela se présente en matière de droit de rétention conventionnel, lorsqu'un tiers affecte sa chose à la sûreté de la dette d'autrui. (C. N., 2077-2090.)

Et encore lorsque c'est le débiteur lui-même qui affecte la chose d'autrui à la garantie de sa dette, pourvu que le créancier soit de bonne foi et qu'il s'agisse d'un meuble (2279). On objecte en vain l'opinion contraire de

Pothier (1). Il l'enseignait sous l'empire de la Coutume d'Orléans, qui avait admis, en matière de transmission de droits réels mobiliers, les principes du droit romain ; il argumentait de la maxime *nemo plus juris in alium transferre potest quam ipse habet*. Mais de nouvelles règles avaient prévalu dans d'autres Coutumes, notamment celle de Paris. La maxime *meubles n'ont point de suite* y avait été introduite, et pouvait être invoquée aussi bien par le créancier gagiste que par l'acquéreur, ainsi que l'établissent l'arrêt de Parlement et le passage de Favre cités par M. Troplong (2). C'est pour ce dernier système qu'ont opté les rédacteurs du Code Napoléon. Il résulte des travaux préparatoires de cette œuvre législative que l'article 2279 protège le créancier qui a reçu de bonne foi en gage un meuble n'appartenant pas à son débiteur (3).

On est aussi généralement d'accord pour reconnaître que, dans les cas de gage tacite, le droit de rétention du créancier peut porter sur des objets mobiliers appartenant à d'autres qu'au débiteur, pourvu que la même condition de bonne foi existe. Le locateur, l'aubergiste, ont le droit de rétention sur les effets apportés dans la maison ou

(1) *Nantissement*, nos 7 et 27. — Dalloz, *Jurispr. gén.*, vo *Prescription*, no 275.

(2) *Du Nantissement*, no 71.

(3) Voy. no 82. — Zachariæ, t. 3, § 433. — Troplong, *Nantissement*, no 74.

dans l'auberge par le locataire, le voyageur, alors même qu'ils appartiennent à des tiers, s'ils ignorent cette circonstance (1).

Bien entendu, puisqu'il s'agit de l'application de l'article 2279, les restrictions que la loi a apportées au principe contenu dans cet article doivent être également respectées ici. Le droit de rétention n'appartiendrait donc pas au créancier sur les choses d'autrui qu'il détiendrait même de bonne foi, si c'étaient des objets volés ou perdus.

72. — 3° Que la loi autorise expressément l'exercice de la rétention.

J'énumérerai plus loin et j'étudierai séparément les cas dans lesquels le droit de rétention est établi ou sanctionné par la loi.

73. — « Ce droit, dit Tarrible (2), s'exerce spéciale-
« ment sur le fonds détenu. Il suffit de l'invoquer pour
« lui faire produire son effet, sans qu'il ait besoin ni de
« publicité, ni d'inscription, ni de procès-verbaux, ni
« d'aucune des formes prescrites par les lois à l'égard des
« priviléges et hypothèques en général. »

(1) Delvincourt, t. 3, p. 106, note 5. — Pont, *Priviléges et Hypothèques*, n° 119. — Mourlon, *Examen critique*, n°° 85 et suiv., 143.
(2) Rép., v° *Privilége de créance*, sect. 4, § 5, n° 7.

Ce manque de formalité destinée à assurer la publicité de la rétention n'a point été réparé, sauf en ce qui concerne l'antichrèse, par la loi du 23 mars 1855, qui est venue cependant étendre, et qui s'était proposé pour but de compléter le système de publicité des droits réels ébauché seulement par les rédacteurs du Code Napoléon.

Quels peuvent être les inconvénients de cette omission?

Ils sont nuls lorsque la rétention porte sur des objets mobiliers. Notre législation, on le sait, a laissé en dehors de son système de publicité les droits qui s'exercent sur les meubles (1). Les raisons qui justifient en principe ce procédé, la facilité de déplacement, de détérioration et de perte des meubles, leur peu de durée, et souvent la difficulté de les reconnaître, s'appliquent également au cas particulier qui m'occupe. Mais, n'en fût-il pas ainsi, que toute formalité serait rendue inutile par ce fait, que la rétention des choses mobilières se trouve par elle-même accompagnée de toute la publicité désirable. Cette garantie ne pouvant être exercée qu'autant que la chose se trouve aux mains du créancier, cette possession avertit suffisamment les autres créanciers du débiteur, tous ceux qui se mettent en relations d'affaires avec lui, que cette

______

(1) J'entends parler de *droits réels* et de *meubles corporels*, car la transmission des *meubles incorporels* (C. N., 529), les priviléges établis sur eux sont assujettis par la loi à des formes particulières de publicité (C. N., 1690-2075).

chose peut ne pas faire partie du gage que la loi (C. N., 2092 et 2093) leur attribue sur tous les biens de leur débiteur. La règle de l'art. 2279 doit même leur faire supposer que cet objet est sorti de son patrimoine.

Il en est tout autrement du droit de rétention qui porte sur des immeubles. Ce droit a, nous le verrons, un effet analogue à un véritable droit de préférence, à un privilége; il l'emporte même sur eux. Il est donc à regretter qu'il ne soit pas, comme eux, soumis à une formalité de publicité. La possession du rétenteur ne peut, en effet, suffire à révéler aux tiers sa qualité de créancier et la garantie dont il est investi, encore moins la quotité de sa créance.

Toutefois, la publicité du droit de rétention appliqué aux immeubles se trouve exceptionnellement assurée pour le droit de rétention conventionnel qui forme un des éléments de l'antichrèse. (L. 23 mars 1855, art. 2.)

J'aperçois encore un cas dans lequel la rétention pourra se révéler aux tiers par un mode ordinaire de publicité. C'est lorsque le prix de vente d'un immeuble étant dû et la délivrance n'ayant pas eu lieu, le contrat aura été transcrit. Le tiers qui consultera les registres publics y verra que le vendeur est encore créancier du prix, et sachant d'autre part qu'il n'a pas livré l'immeuble, fait qui sera toujours facile à vérifier, il connaîtra le droit de rétention qui lui appartient (C. N., 1612). Ainsi, la formalité destinée à assurer la publicité du privilége du vendeur (C. N., 2108) et de la translation de propriété (L. 23 mars 1855, art. 1er) pourra, lorsque le vendeur n'aura pas fait délivrance, servir en même temps à faire connaître son droit de rétention.

III.

CARACTÈRES DU DROIT DE RÉTENTION.

74. — La nature de la rétention est l'objet de vives discussions.

Certains auteurs ne veulent y voir qu'une exception personnelle, bonne à opposer au débiteur à l'effet de se mettre à l'abri de sa mauvaise foi, mais sans aucun effet contre les tiers, notamment contre les autres créanciers de ce débiteur (1).

Ce système a été soutenu, entre autres, par M. Troplong; mais cet éminent jurisconsulte nous présente ici des contradictions étranges. S'il affirme en nombre d'endroits la personnalité de la rétention (2), ailleurs

(1) Delvincourt, t. 3, p. 212, note 1; — Ranter, *Revue étrangère*, 1841; — Zachariæ, Aubry et Rau, t. 3, § 438.

(2) *Nantissement*, n° 442 et suiv.; 524, 552 et suiv. — *Priviléges*, n° 256.

il la qualifie de droit réel (1), ou lui en attribue les effets (2).

Si, laissant de côté l'avantage que ces contradictions peuvent fournir contre notre auteur, on examine quels arguments il invoque à l'appui de sa thèse de la personnalité de la rétention, on est contraint de reconnaître qu'il affirme plutôt qu'il ne démontre. Il se borne presque entièrement à citer la loi romaine, de laquelle ce caractère résulterait suivant lui. Or, j'ai constaté que dans le droit romain la rétention avait un caractère de réalité, et c'est aussi ce qu'avaient compris les jurisconsultes de notre ancien droit français, puisque la rétention y était considérée comme droit réel. Au reste, en eût-il été autrement, que la question de la nature du droit de rétention dans notre législation actuelle n'en resterait pas moins entière. Quelle que soit, en effet, la valeur de la tradition et de l'histoire, c'est dans nos lois qu'il faut puiser avant tout la solution de toutes les difficultés qu'on soulève à leur occasion.

M. Troplong l'a senti, et à l'appui de la thèse de la personnalité de la rétention, il a produit cet argument : « que, dans les cas où la loi l'établit en dehors d'un privilége, elle suppose toujours un rapport personnel entre le rétenteur et le propriétaire de la chose retenue. Il

____

(1) *Nantissement*, nᵒˢ 148 et 149; — *Priviléges*, nᵒˢ 258 et 259.

(2) *Vente*, nᵒˢ 261 et 636.

suffit pour s'en convaincre de jeter les yeux sur les art. 1948, 2082-*, et enfin sur l'art. 2087 ; c'est toujours de créancier à débiteur que la rétention y apparaît ; il n'y est nullement question des tiers. »

Je remarque d'abord que les deux premiers articles cités sont assez mal choisis pour servir de preuve à la proposition avancée. Si l'on veut bien les examiner attentivement, on remarquera que la loi a exprimé de la manière la plus générale le droit pour le créancier de rester en possession jusqu'au paiement de sa créance, sans restreindre ce droit aux rapports du créancier avec le débiteur, rapports qui n'y sont rappelés par aucune expression. De telle sorte que l'on peut retourner ces articles contre l'argument en faveur duquel on les invoque.

De plus, je trouve dans l'art. 1749 la démonstration de la fausseté de cet argument. Cet article nous montre un rétenteur, dépourvu de privilége, en présence d'un tiers, et déclare que ce tiers ne pourra l'expulser qu'en payant la dette pour laquelle le droit de rétention existe.

Un autre argument, tiré de la combinaison des articles 2093 et 2094, C. N., a été présenté par M. Rauter. « Dans une législation comme la nôtre, dit-il, qui a réglé « minutieusement les causes de préférence entre les « créanciers, il serait téméraire de voir une telle cause « dans la rétention si la loi elle-même ne lui attribue « pas ce caractère. Or, non-seulement la loi ne dispose

« point ainsi, mais elle dit même d'une manière ex-
« presse » que les biens du débiteur sont le gage com-
« mun de ses créanciers, et que le prix s'en distribue
« entre eux par contribution, à moins qu'il n'y ait entre
« les créanciers des causes légitimes de préférence, » et
« elle ajoute : « les causes légitimes de préférence sont
« les priviléges et les hypothèques. » (2093-2094) C'est
« évidemment comme si elle disait : il n'y a entre les
« créanciers de causes légitimes de préférence que les
« priviléges et les hypothèques. »

La réponse est aisée et péremptoire. Si la loi n'a pas compris la rétention parmi les causes de préférence qu'elle énumère dans l'art. 2094, c'est qu'elle ne devait pas le faire. En effet, le droit de rétention ne constitue pas, à proprement parler, une *cause de préférence*. Ses effets sont bien identiques aux avantages que procure la cause de préférence, mais ce résultat n'a lieu que comme conséquence de la nature spéciale de cette garantie, qui consiste dans le droit qu'a le créancier de ne pas se dessaisir de la chose de son débiteur tant qu'il n'est pas payé de sa créance. En un mot, la rétention ne produit pas directement un droit de préférence, ce qui l'excluait naturellement de l'art. 2094.

Mais je veux admettre un instant que le droit de rétention constitue simplement une exception de créancier à débiteur, quel avantage procurera-t-il au créancier qui en sera investi? Ce seul avantage de stimuler le débiteur au paiement s'il a un besoin urgent de la chose. Est-ce donc là toute l'utilité que la loi a voulu attacher au droit de rétention? S'il en est ainsi, il faut convenir que le plus souvent il sera inutile à celui auquel elle l'accorde. Qui ne voit en effet que, si le droit de rétention est purement personnel, cette dépossession, que ne peut réaliser par lui-même le débiteur, pourra être accomplie par un acheteur, par un créancier, même chirographaire; et qu'il suffira d'un concert frauduleux entre le débiteur et un tiers, d'une vente, d'une obligation fictives, pour annihiler complètement et dans tous les cas le droit en question?

Est-ce que ces résultats sont admissibles? et ne faut-il pas plutôt se rattacher au système qui donne de l'efficacité à la rétention?

75. — Ce système, d'ailleurs, s'appuie sur le texte et l'esprit de la loi.

La loi considère la rétention comme une *sûreté*. Elle le déclare explicitement dans l'art. 2071, C. N. Et d'ailleurs, ses rédacteurs se sont expliqués à cet égard d'une manière bien nette. « En exigeant le gage, disait M. Gary au tri-« bunat sur l'art. 2082-», le créancier a montré qu'il ne « se fiait pas à *la personne* du débiteur, et la *sûreté* qu'il « a prise une fois, il est censé l'avoir conservée pour la

« garantie de sa seconde créance. » — « Le déposant,
« disait M. Réal au Corps-Législatif, ne peut pas retirer
« la chose déposée qu'il ne se soit préalablement libéré
« de ce qu'il doit, car le dépôt est naturellement, et sans
« le secours d'aucune stipulation, le *gage* des créances
« dont il est la cause. » — « Le dépositaire, disait
« M. Favard, a un *privilége* pour le remboursement de
« ses frais, *puisque* la loi l'autorise à retenir le dépôt
« *quasi quodam jure pignoris* jusqu'à l'entier paiement
« de ce qui lui est dû. »

Ce point de vue apparaît bien clairement dans les
espèces des articles 1612 et 1613. L'art. 1612 consacre
le droit de rétention au profit du vendeur quand l'acheteur
ne paie pas le prix; l'art. 1613 donne le même droit,
alors même qu'un terme a été accordé à l'acheteur, si le
vendeur se trouve en danger imminent de perdre la chose
et le prix.

Je suppose que le vendeur n'ait pas ce droit de rétention, que l'acheteur puisse exiger la livraison de la chose
vendue sans payer le prix. Si l'acheteur n'a pas d'autres
créanciers, s'il ne procède pas à d'autres aliénations, le
vendeur n'aura à redouter que le cas de détériorations.
De quel côté est donc le véritable danger pour le vendeur?
Il ne peut venir que de la part des créanciers de l'acheteur
ou de ses ayant-cause. Que ce dernier tombe en faillite,
et le vendeur perd son privilége sur la chose, ainsi que

la faculté de la revendiquer; il sera primé sur la chose même qu'il a vendue par les créanciers privilégiés de l'acheteur, ou viendra en concours avec les chirographaires. Le droit de rétention le met à l'abri de ce danger.

Au cas de déconfiture, le vendeur d'objets mobiliers ne perd pas son privilége, mais il est exposé à être primé par des créanciers ayant un privilége préférable au sien. S'il n'avait pas le droit de rétention, il serait obligé de livrer l'objet vendu, l'acheteur n'ayant pas payé le prix; il serait donc exposé à voir l'acheteur disposer de la chose en faveur d'un sous acquéreur qui opposerait au premier vendeur la règle de l'art. 2279.

Si c'est là le danger qui menace le vendeur qui ne jouirait pas de la rétention, si ses adversaires sont les créanciers de l'acheteur, si la loi a entendu le protéger par le droit de rétention, pour lui en fournir le moyen, il faut qu'elle ait donné à ce droit un caractère de réalité, car c'est le seul moyen pour le vendeur de n'être pas exposé à perdre le prix de la vente (1).

Ce caractère de réalité résulte aussi des art. 867 et 1948. D'après les expressions qu'ils emploient, le droit de rétention peut être opposé à toute personne : la loi n'y distingue pas, ses termes sont généraux.

Mais ce qui prouve surtout cette réalité, c'est l'ar-

____

(1) Mourlon, *Examen critique*, n° 224.

ticle 1749 dont j'ai déjà parlé, qui permet d'opposer le droit de rétention non-seulement au débiteur, mais à son acquéreur. Le bailleur s'est réservé, en cas de vente, le droit d'expulser le fermier moyennant indemnité. Pour le paiement de cette indemnité, le fermier a le droit de rétention. Si ce droit était personnel, le fermier ne pourrait l'opposer qu'au bailleur; or, la loi décide qu'il peut l'opposer à l'acquéreur. Il est donc impossible de méconnaître le caractère de réalité du droit de rétention.

La même conclusion résulte nécessairement de la disposition de l'art. 446, C. de Comm. La loi, y rapprochant l'antichrèse de l'hypothèque, déclare nulle et sans effet, relativement à la masse, l'antichrèse constituée depuis l'époque de la cessation des paiements ou dans les dix jours qui l'ont précédée, sur les biens du débiteur, pour dettes antérieurement contractées.

Ce texte a évidemment pour but d'apporter des restrictions au droit commun, sans quoi il eût été inutile : s'il autorise exceptionnellement les ayant-cause du débiteur à faire prononcer que le droit de rétention appartenant à l'un d'eux ne leur est pas opposable, c'est donc qu'en droit commun ce droit leur est opposable, c'est-à-dire, est un droit réel.

Les preuves n'en sont pas limitées à celles que je viens de produire.

Ainsi, le droit de rétention qui découle du gage ne

peut évidemment exister qu'autant que la détention de la chose appartienne au créancier gagiste (C. N., 2071). Or, si le droit de préférence qui découle du gage exprès est un droit réel, le droit à l'existence duquel il est subordonné (1), le droit de rétention doit aussi être réel.

Ce qui le prouve, c'est que, quand la loi a voulu restreindre cet effet du droit de rétention de s'exercer vis-à-vis de tout prétendant droit sur la chose, elle a pris soin de s'en expliquer formellement. (C. N., 2091.)

Une loi récente, celle du 23 mars 1855 (art. 2), a de son côté implicitement reconnu la réalité du droit de rétention en prescrivant la transcription de tout acte constitutif d'antichrèse ou portant renonciation à ce droit. Or, qu'est-ce qu'il y a de réel dans l'antichrèse? Ce ne peut être que le droit de rétention qui en forme l'élément essentiel (2087, C. N.); on ne pourrait trouver ce caractère dans « la faculté de percevoir les fruits de l'immeuble » que l'art. 2085 accorde au créancier, faculté temporaire et qui ne peut être exercée qu'à la charge de rendre compte.

On peut dire que la loi du 23 mars 1855 ne s'est pas appliquée uniquement à assurer la publicité des droits réels, puisqu'elle prescrit dans de certaines conditions la

---

(1) M Berlier, dans son exposé des motifs de la loi relative au nantissement, dit de la faculté de retenir le gage *qu'elle est l'objet du contrat.*

transcription des baux, des quittances ou cessions de loyers ou fermages non échus. Mais il faut remarquer que l'antichrèse est placée par cette loi dans le même paragraphe que les droits de servitude, d'usage et d'habitation, sur la réalité desquels aucune controverse ne s'élève; qu'elle est même placée avant eux dans l'énumération de la loi, tandis que les baux, quittances et cessions de loyers ou fermages non échus sont classés dans des paragraphes différents. La pensée du législateur se révèle ainsi d'une manière assez significative (1).

76. — Le droit de rétention étant réel, peut être opposé à toute poursuite mobilière ou immobilière.

Est-ce à dire que le rétenteur puisse mettre obstacle à la continuation des poursuites? Il serait difficile de le soutenir en présence des termes généraux de l'art. 2204, C. N., et surtout de l'art. 609 du Code de Procédure civile, qui refuse aux créanciers du saisi, sans distinction, la faculté de former opposition à la saisie.

Mais d'un autre côté, la saisie aura-t-elle donc pour résultat d'annihiler la rétention? On sait que ce droit est essentiellement lié à la détention de la chose retenue; ce

____

(1) Le principe de la réalité du droit de rétention, adopté par Tarrible, Rép., v° *Privilége de créance*, sect. 1, n° 6; sect. 4, § 5, n° 1; — Demolombe, *De la distinction des biens*, n° 682, a été démontré avec de grands développements par M. Mourlon dans son *Examen critique* du Commentaire de M. Troplong sur les Priviléges.

ne serait point par conséquent le créancier rétenteur qui
pourrait *former opposition sur le prix de la vente*, aux
termes de l'art. 609, Code Proc., afin d'obtenir son
paiement par préférence; car du moment de sa dépossession cesse pour le créancier toute possibilité de se prévaloir de cette garantie.

Certaines personnes voient un moyen de sortir d'embarras dans un accord entre les saisissants et le rétenteur, par lequel les premiers s'engageraient à désintéresser le rétenteur sur les premiers deniers de la vente. Certainement cet expédient sera quelquefois possible, et alors rien ne s'oppose à ce que cette convention soit exécutée. Mais si l'on prétend dire que le rétenteur serait contraint d'accepter cette offre, ou plutôt de la subir, je nie que cela soit vrai.

Le propriétaire de la chose retenue ne peut, en effet, en exiger la restitution qu'à la condition de désintéresser le rétenteur. S'il la vend, l'acheteur ne pourra s'en faire mettre en possession que sous la même condition, car son auteur n'a pas pu lui transmettre plus de droits qu'il n'en avait lui-même (C. N., 2182-2°). Les créanciers du débiteur propriétaire de la chose retenue n'opèrent la saisie de ses biens qu'en vertu du principe qu'ils peuvent exercer ses droits (C. N., 1166), le droit qu'a le débiteur de vendre ses biens pour payer ses dettes; ils ne peuvent donc avoir plus de droits que lui, ni transmettre à l'adjudicataire autre chose que ce que leur débiteur aurait transmis à un acheteur volontaire (C. Proc. civ., 717), c'est-à-dire une propriété grevée du droit réel de rétention. L'adjudicataire ne pourra donc, comme un acheteur volontaire, se faire mettre en possession avant d'avoir désintéressé le rétenteur.

Cette solution respecte les droits des différents intéressés : elle ne met pas obstacle au droit de saisie ; seulement les créanciers ne peuvent l'exercer que dans les limites dans lesquelles leur débiteur pouvait exercer son droit d'aliénation ; et d'autre part, elle respecte la garantie qui appartient au rétenteur (1).

(1) Je trouve ce système consacré par un remarquable arrêt de la Cour de Cassation, rendu à propos du droit de rétention de l'antichrésiste :

« Attendu que le nantissement, soit qu'il ait pour objet une chose « mobilière, soit qu'il ait pour objet un immeuble, est un contrat par « lequel le débiteur remet une chose à son créancier *pour sûreté* de « la dette ; et que, dans l'un comme dans l'autre cas, le créancier « nanti ne peut être contraint d'abandonner la possession de son gage « avant l'entier acquittement de sa créance ; que, après avoir remis un « immeuble en nantissement à son créancier, le débiteur ne peut ni « directement ni indirectement porter atteinte à l'antichrèse ainsi « constituée ; que s'il vend ou hypothèque ensuite le même immeuble, « il n'en transfère ou n'en affecte la propriété que dans la mesure des « droits qui lui restent, c'est-à-dire sous la condition de respecter « l'antichrèse préexistante.....; que le débiteur n'ayant le pouvoir ni « de faire cesser la jouissance ainsi aliénée par lui avant l'entier ac-« quittement de la dette, ni de conférer à des tiers plus de droits « qu'il n'en a lui-même, ses ayant-cause ne sauraient être de meil-« leure condition ; que vis-à-vis d'eux comme vis-à-vis de lui, le

77. — Le droit de rétention est accessoire. Comme le privilége et l'hypothèque, il suppose une créance principale à laquelle il se rattache.

78. — A ces caractères de droit réel et accessoire, il joint celui de droit indivisible. Cette indivisibilité, qui résulte déjà de la nature particulière de cette garantie (1), est exprimée par la plupart des dispositions législatives qui s'en occupent. Ainsi, l'art. 1673, C. N., après avoir déterminé ce que devra à l'acheteur le vendeur qui veut user du pacte de rachat, déclare qu'il « ne peut entrer en possession qu'après avoir satisfait à *toutes* ces obligations. » De même, l'art. 1948, C. N., dispose que « le

« créancier a le droit ou de se maintenir dans sa jouissance ou de ne
« s'en dessaisir qu'à la condition d'être payé en premier ordre sur le
« prix de la vente.....;

« Attendu que, dans l'espèce, la stipulation expresse d'un paiement
« par préférence a été, de la part des demandeurs qui l'ont faite et des
« juges qui l'ont sanctionnée, la condition essentielle de la résolution
« de l'antichrèse....; que pour apprécier si ce jugement préjudiciait aux
« droits des défendeurs (*d'autres créanciers qui n'avaient été ni ap-*
« *pelés ni représentés lors du jugement du..... et qui s'étaient pour-*
« *vus par la voie de la tierce opposition*), il faut nécessairement se
« placer dans les circonstances mêmes dans lesquelles il est intervenu;
« qu'à ce moment les défendeurs, pour provoquer la vente et s'en
« attribuer exclusivement le prix, auraient dû ou *désintéresser le créan-*
« *cier nanti, ou imposer aux adjudicataires l'obligation soit de le*
« *désintéresser eux-mêmes, soit de souffrir la continuation de l'an-*
« *tichrèse.....* » Cass., ch. civ., 31 mars 1851; — Portalis, prés.; —
Héritiers Denet; — *J. du P.*, 1851, 2-5.

(1) Voy. n° 15.

dépositaire peut retenir le dépôt jusqu'à l'*entier paiement* de ce qui lui est dû à raison du dépôt. » Et encore, l'article 2082-2° que « le créancier ne pourra être tenu de se dessaisir du gage avant d'être *entièrement* payé. » Enfin, l'art. 2083 déclare que « le gage est *indivisible* nonobstant la divisibilité de la dette entre les héritiers du débiteur ou ceux du créancier. » Or, cette disposition ne peut s'appliquer qu'à la rétention, qui forme l'élément essentiel du gage (1). L'art. 2087 rappelle la même règle en ce qui concerne l'antichrèse.

Ainsi, le rétenteur a eu dans l'origine un seul débiteur; ce débiteur vient à mourir laissant plusieurs héritiers; les dettes se partageant de plein droit entre ces héritiers, l'un d'eux paie sa part de dette au rétenteur; il ne pourra exiger la remise de la chose, ni d'aucune partie de la chose affectée à la garantie de toute la dette primitive.

A l'inverse, si c'est le créancier qui est mort laissant plusieurs héritiers, quoique la créance se divise entre eux, le droit de rétention ne se divise pas; de telle sorte que l'héritier qui a reçu sa part de la dette ne peut remettre la chose au préjudice de ses cohéritiers qui ne sont pas payés.

Ou bien, et sans sortir des relations du rétenteur avec un débiteur unique, la rétention porte sur plusieurs ob-

---

(1) Zachariæ, Aubry et Rau, t. 3, § 434, 438.

jets,. et le débiteur a payé la plus grande partie de la dette; il n'a pas le droit de réclamer l'un des objets que détient le créancier. Celui-ci ne sera tenu de se dessaisir d'aucun de ces objets, quelque minime que soit la somme restant due.

79. — Enfin, le droit de rétention est conventionnel ou légal. Il est conventionnel dans le gage et l'antichrèse, et légal dans tous les autres cas. Au reste, cette distinction n'a presque aucune influence en ce qui concerne la nature et les effets du droit de rétention, qui sont les mêmes dans tous les cas.

On peut se demander si le droit de rétention conventionnel pourrait exister en dehors du gage et de l'anti-chrèse ; en d'autres termes, s'il pourrait être stipulé comme garantie principale.

On sait que cela était admis dans notre ancienne juris-prudence (1). Que décider sur cette question dans notre droit? Le doute pourrait naître de ce qu'il n'est point permis en général de créer par des conventions particulières des causes de préférence en dehors des cas expressément prévus par la loi. Mais en serait-il donc de même ici ? Nullement. Puisque le créancier peut stipuler un droit de gage, lequel, outre le droit de rétention (C. N., 2082), lui confère un privilége (C. N., 2073-2102), et le droit

____

(1) Voy. n° 59.

de faire ordonner en justice que la chose lui demeurera en paiement (C. N., 2078); ou un droit d'antichrèse, lequel, en outre aussi du droit de rétention, lui confère la faculté de faire siens les fruits de l'immeuble donné en antichrèse (C. N., 2085); à plus forte raison peut-il stipuler uniquement le droit de retenir la chose de son débiteur jusqu'à ce que celui-ci se soit libéré par le paiement.

IV.

DROITS QUE LA RÉTENTION CONFÈRE AU CRÉANCIER.

80. — Le créancier rétenteur a-t-il le droit d'expropriation? Oui, mais comme chirographaire. S'il poursuit lui-même la vente de la chose qu'il détient, obligé comme vendeur à la délivrance, puisque la faculté de faire vendre les biens du débiteur n'est qu'une conséquence du principe que ses créanciers peuvent exercer ses droits, il ne pourra plus exercer sa garantie, qui ne consiste qu'*à retenir la possession*. Il est donc censé avoir abandonné son droit de rétention, et ne sera colloqué que comme créancier chirographaire ordinaire.

81. — A-t-il un droit de préférence? — La négative résulte de la combinaison des art. 2093 et 2094, C. N.

La loi a réglé limitativement les causes de préférence entre les créanciers; or, parmi les causes de préférence qu'elle énumère, nous ne voyons point comprise la rétention.

Mais s'il faut refuser au rétenteur un droit de préférence sur le prix de la chose qu'il détient, il faut aussi reconnaître que l'exercice de son droit constitue à son profit un avantage équivalent à ce droit de préférence, s'il ne lui est supérieur, et qu'en définitive une sorte de droit de préférence indirect lui appartient.

Du moment qu'il est investi d'un droit réel, et que le caractère absolu de ce droit lui permet de l'opposer à tous, de se refuser à abandonner la chose, quel que soit son adversaire, tant qu'il n'est pas payé, il se trouve posséder une garantie aussi efficace et plus énergique qu'un droit ordinaire de préférence.

82. — Que cette garantie soit préférable aux causes ordinaires de préférence, c'est ce qui ne peut être mis en doute, puisqu'elle peut être exercée, sauf le cas de l'art. 2001, à l'égard de tous créanciers, même de ceux qui peuvent invoquer des priviléges et hypothèques.

Aussi ne peut-il être question du rang à lui assigner en cas de conflit avec les causes légitimes de préférence (1).

____

(1) *Conf.* Tarrible, **Rép.** v° *Priv. de créance,* sect. 4, § 5, n° 1.— Mourlon, *Examen critique,* n° 221.

C'est qu'elle n'en fait pas partie, mais constitue une sûreté spéciale, complètement différente, puisque, tandis que celles-ci ne peuvent s'exercer que sur le prix de la chose, la rétention s'exerce sur la chose même et avant qu'elle ait été transformée en argent.

A ce motif général de la prépondérance du droit de rétention sur les causes ordinaires de préférence, applicable à tout droit de rétention, quel que soit l'objet sur lequel il porte, s'en joint un autre spécial au droit de rétention portant sur des choses mobilières. Il est tiré de la règle de l'art. 2279, C. N. M. Berlier, dans l'exposé des motifs de la loi relative au nantissement, l'a présenté à l'appui de la supériorité du droit de rétention du créancier gagiste sur toutes les autres causes de préférence qui peuvent appartenir à d'autres créanciers sur le même objet. « Le créancier saisi d'un gage, dit-il, ne saurait « craindre l'intervention de personne, si ce n'est celle de « tiers qui prouveraient que le meuble donné en gage « leur a été dérobé; hors cette exception et le cas de « fraude, le créancier muni du gage est préféré à tous « autres, même plus anciens que lui, *parce que le* « *meuble était sorti de la possession du débiteur, et que* « *les meubles n'ont pas de suite par hypothèques*, prin- « cipe qui est devenu une maxime de notre droit fran- « çais. »

Le tribun Gary dit de son côté : « Peu importe que sa « créance soit plus ou moins ancienne : *le droit sur les*

« *meubles est attaché à leur possession*, suivant cette
« maxime, renouvelée par la législation actuelle, que les
« meubles n'ont pas de suite par hypothèque. »

Il est évident que ce motif s'applique aussi bien au
droit de rétention principal qu'à celui qui est compris
dans le gage.

83. — Mais quand le créancier cessera de détenir la
chose objet de son droit, par suite d'un fait indépendant
de sa volonté, y aura-t-il pour lui possibilité de le recouvrer?

Si la chose, objet du droit de rétention, est un immeuble et que le créancier ait perdu la détention par violence, ou même par une simple voie de fait, il trouve
dans une voie possessoire, la réintégrande, un moyen de
ressaisir la chose, et par suite le droit attaché à sa possession. En effet, suivant une opinion fort accréditée
dans la doctrine et consacrée par une jurisprudence constante, la loi civile ne devant laisser aucune voie de fait,
aucune violence sans répression immédiate, si le possesseur, même celui qui n'a pas la possession annale, si le
détenteur à titre précaire a été dépossédé par violence ou
par voie de fait, la loi lui accorde le droit de se faire
réintégrer dans sa possession, *spoliatus ante omnia resti-
tuendus*. (1)

(1) Je conserve quelques doutes à cet égard. L'article 23 du Code
de Procédure civile indique, sans distinctions, à quelles conditions

Mais ce n'est là qu'une voie possessoire et qui n'est pas ouverte à tous les rétenteurs. Faut-il leur reconnaître d'une manière générale un droit de suite?

J'ai montré que ce droit leur appartenait dans notre ancienne jurisprudence. Dans notre législation actuelle, il n'y a pas de texte qui réponde catégoriquement à cette hypothèse; néanmoins, nous trouvons des dispositions qui donnent à des rétenteurs un droit de suite.

L'art. 2102-1°, C. N., accorde un privilége au bailleur, pour le paiement des loyers et fermages des immeubles, sur le prix de tout *ce qui garnit* la maison louée ou la ferme. L'existence de ce privilége suppose une espèce de nantissement; c'est un cas de gage tacite. Si les objets sur lesquels repose le privilége sont détournés de la maison louée ou de la ferme sans le consentement exprès ou tacite du propriétaire, la loi l'autorise à les faire saisir et à les y faire réintégrer, pour pouvoir ensuite exercer son privilége.

Nous pouvons généraliser ce principe, ou plutôt nous ne devons voir dans cette disposition qu'une application d'un principe général. (2279, C. N.)

Le détournement dont il est question est en effet con-

---

peuvent être intentées les actions possessoires. Outre le fait matériel de la possession soit actuelle, soit antérieure, il exige que cette possession soit *annale*, paisible, *à titre non précaire.* (Voy. Carré, *Justices de paix*, n° 1374; — Boitard, *Leçons de procédure civile*, t. 2. n° 114 et suiv.)

sidéré par la loi comme un vol du droit de gage du locateur; et de même que le propriétaire d'un objet volé
peut le reprendre en quelques mains qu'il soit, de même
le locateur est autorisé à reprendre son gage partout
où il le trouve, et jusque dans les mains d'un tiers acquéreur de bonne foi.

Tout créancier gagiste, tout rétenteur dépossédé par
fraude ou par accident, est dans une situation identique
à celle du locateur, le même secours doit lui être accordé.

Cette conséquence peut d'ailleurs se déduire directement du texte même de l'art. 2279. Il importe en effet
de remarquer que la loi, en accordant, au cas de vol ou
de perte, l'action en revendication, ne se sert pas de cette
expression : le *propriétaire* qui a perdu ou auquel il a
été volé une chose..., mais de celle-ci, bien plus générale : *celui* qui a perdu ou auquel il a été volé une chose
peut la revendiquer. Or, il était admis en droit romain
qu'il y avait vol lorsque la chose était soustraite non-
seulement au propriétaire, mais même au simple possesseur (Iust. de Just., liv. 4, tit. 1, § 1); et en conséquence on donnait l'action *furti* au possesseur de bonne
foi, et même au simple détenteur auxquels la chose avait
été soustraite, *quamvis domini non sint*, disent les textes.
(Inst. de Just., liv. 4, tit. 1, § 15, 16. — L. 14, § 1,
15 et 16 — L. 15, § 2, *De furtis*, D.) On la donnait
même contre le débiteur gagiste qui avait volé la chose

par lui donnée en gage à son créancier. (Gaius, C. 3, § 200. — Instit. de Just., liv. 4, tit. 1, § 10.) Notre législateur a bien admis les mêmes principes, puisqu'il donne la *revendication* à un simple possesseur même contre le propriétaire (C. N., 2102-1°). Pour être admis à exercer la revendication de l'art. 2279, il n'est donc point indispensable de prouver sa qualité de propriétaire, il suffit d'établir que l'on possédait au moment de la perte ou du vol.

Mais le droit de revendication du locateur est renfermé dans un délai très-court (quinze jours ou quarante jours); ce délai s'appliquera-t-il dans tous les cas?

Il n'y a pas de motif pour appliquer toujours le délai prescrit par la loi dans ce cas spécial. La revendication qui appartient aux rétenteurs autres que le locateur ne sera prescrite que par le délai ordinaire de trois ans (2279). (1)

Il faut remarquer que cette revendication n'appartient qu'au rétenteur qui a perdu la détention par *accident*, par un évènement indépendant de sa volonté. Son consentement exprès ou tacite à l'enlèvement de son gage mettrait obstacle à l'exercice du droit de suite qui lui appartient.

Tel est le principe; mais la loi y apporte une exception remarquable dans l'art. 2102-4°. Si la vente d'effets mo-

____

(1) Pont, *Privilèges et Hypothèques*, n° 137.

biliers a été faite sans terme, le vendeur qui a livré, qui par conséquent s'est dessaisi volontairement de la possession, peut revendiquer ces effets à ces conditions : 1° qu'ils soient encore en la possession de l'acheteur; 2° que la revendication soit faite dans la huitaine de la livraison; 3° que les effets se trouvent dans le même état dans lequel cette livraison a été faite.

Certains ont cru voir dans cette *revendication* une action en résolution. Mais comment comprendre que la loi aurait dérogé dans notre texte à la disposition générale de l'art. 1654, et cela au préjudice du vendeur, de façon à lui faire perdre vis-à-vis des autres créanciers de l'acheteur le bénéfice du droit commun suivant lequel le vendeur non-payé peut agir en résolution d'une manière absolue, sans distinction entre la vente à terme et la vente au comptant, sans autres limites de temps que celles de la prescription la plus longue, et cela quand elle se propose évidemment pour but la protection des créanciers auxquels elle accorde des causes de préférence?

Il faut voir dans cette *revendication* un moyen offert au vendeur de se ressaisir d'une chose *qu'il a livrée* imprudemment, dans la perspective d'un paiement immédiat, pour exercer le droit de rétention qui lui appartenait en vertu de l'art. 1612. C'est ce qu'exprime l'art. 2102 lorsqu'il présente comme un des effets et des avantages de cette revendication d'*empêcher la revente* de la chose.

Le Code n'a fait, au reste, que reproduire sur ce point la théorie de l'ancien droit. « Le vendeur peut sa chose poursuivre pour en être payé du prix, » disait la Coutume de Paris, art. 194, que Dumoulin annotait ainsi : « et pour la recouvrer et en demeurer saisi jusqu'à ce qu'il soit payé. » (1)

En résumé, que la rétention porte sur une chose immobilière ou sur une chose mobilière, le défendeur, qui ne peut plus l'invoquer parce qu'il a perdu la possession, a une action qui lui permet de ressaisir cette possession à l'effet d'opposer utilement la rétention. Il est vrai qu'il n'a cette action qu'autant qu'il ait cessé de posséder par suite d'un fait indépendant de sa volonté, sauf le cas exceptionnel de l'art. 2102-4° (2); mais, renfermé dans

(1) Sur Paris, t. 2, p. 696.

(2) L'art. 2102-4°, C. N., et l'art. 550, C. de Comm., déclarent que la revendication établie au profit du vendeur d'effets mobiliers n'est point admise en cas de faillite. Cependant, l'art. 576 de ce dernier Code contient une règle analogue à celle qui est ainsi rejetée. Il permet de revendiquer les marchandises expédiées au failli tant que la tradition n'en a point été effectuée dans ses magasins ou dans ceux du commissionnaire chargé de les revendre pour le compte du failli.

Cette disposition a été entendue par quelques-uns dans le sens d'une résolution de la vente accomplie de plein droit (Fremery, *Études de droit comm.*, p. 396 et suiv.). Sans doute tout contrat synallagmatique contient une condition résolutoire tacite, fondée sur l'inexécution du contrat par l'une des parties; mais, à la différence de la condition résolutoire stipulée, cette condition résolutoire tacite ne produit point ses effets de plein droit, il faut que la résolution du contrat soit demandée à la justice et en soit obtenue. La loi considère bien la vente

ces limites, e secours qui lui est accordé est complètement suffisant; car, quel besoin de venir en aide à celui qui a renoncé volontairement à son droit? Si cette renon-

comme existant encore, nonobstant la revendication, puisqu'elle permet aux syndics d'en exiger l'exécution moyennant le paiement du prix (C. de Comm., 578). On ne saurait, en faveur de la résolution du contrat, argumenter de la disposition finale de l'art. 576, suivant laquelle « le revendiquant sera tenu de rembourser à la masse les à-compte par lui reçus..... » La loi y suppose le cas le plus ordinaire, que la résolution de la vente suivra la revendication. Il arrivera rarement que les syndics aient intérêt à user de la faculté que leur réserve l'art. 578.

Moins radicaux, mais rattachant toujours la revendication de l'article 576 à une résolution du contrat, d'autres ont prétendu que cette revendication exige nécessairement qu'il y ait préalablement résolution de la vente (Alauzet, *Comm. du Code de Comm.*, nᵒˢ 1903 et 1904, § 1). Ce système ne pourrait avoir d'autre résultat que de faire de l'art. 576 une lettre morte, de rendre vain le secours que la loi a voulu accorder au vendeur : à raison des délais qu'entraîne nécessairement toute instance judiciaire, la marchandise serait presque toujours entre les mains du failli avant que la résolution de la vente fût prononcée, et que par suite le vendeur fût en mesure de revendiquer.

L'erreur de ces commentateurs vient de ce qu'ils ont pris dans son sens exact et juridique le mot *revendication*, que la loi emploie ici dans son acception vulgaire, comme synonyme de redemander, reprendre la chose. Or, comme la revendication n'appartient à proprement parler qu'au propriétaire, ils ne pouvaient faire autrement que de proclamer la résolution du contrat.

Dans l'art. 576 comme dans l'art. 2202-4ᵒ, on a voulu protéger le vendeur qui a livré la chose dans l'ignorance de l'insolvabilité de l'acheteur. C'est encore ici une revendication du droit de rétention, mais on ne fixe point de délai dans lequel elle doive être intentée à peine de déchéance, et on ne distingue point entre la vente à terme et la vente au comptant.

La revendication cessera d'être possible lorsque la chose sera entrée

ciation lui cause un préjudice, il ne peut l'imputer qu'à sa propre imprudence, *volenti non fit injuria*.

84. — Le droit de rétention confère-t-il au créancier le droit de se servir de la chose qu'il a pour objet? La négative résulte nécessairement de la disposition de l'art. 2079, C. N., qui compare à un dépôt la détention du créancier gagiste. Or le dépositaire ne peut, aux termes de l'art. 1930, C. N., se servir de la chose déposée sans la permission expresse ou présumée du déposant.

Les travaux préparatoires du Code ne peuvent d'ailleurs laisser subsister aucun doute sur ce point. « Le droit qu'a le créancier de conserver la chose donnée en gage n'est pas celui de s'en servir, disait M. Gary, à moins de stipulation contraire. »

Ce qu'on dit ici du droit de rétention conventionnel

dans les magasins du failli ou dans ceux du commissionnaire chargé de vendre en son nom. Par cette disposition, la loi a voulu éviter les nombreuses contestations qui n'auraient pas manqué de surgir à raison des doutes qui peuvent naître, de ce moment, sur l'identité de la marchandise, doutes qui ne peuvent s'élever lorsqu'elle voyage encore.

La revendication ne sera pas non plus recevable lorsqu'avant leur arrivée les marchandises auront été vendues sans fraude sur factures et connaissements ou lettres de voiture signées par l'expéditeur. L'intérêt du commerce, la faveur due à des opérations faites de bonne foi et dont rien n'eût fait connaître le péril, nécessitaient cette exception au principe. (Voy. Delamarre et Lepoitvin, *Traité du contrat de commission*, t. 2, n° 1951, p. 717; — t. 5, p. 490; — t. 6, p. 231 et suiv.)

s'applique également au droit de rétention légal ; puisqu'il ne confère au créancier que le droit de détenir la chose, il ne peut lui donner celui de l'appliquer à ses usages. Il faut toutefois noter cette différence, que pour le droit de rétention conventionnel il peut être dérogé au principe par le consentement exprès ou même tacite des parties, ce qui est tout à fait inconciliable avec le droit de rétention légal ; pour ce dernier, le principe reste donc absolu.

85. — Si l'on refuse au créancier le droit d'user de la chose, à plus forte raison faut-il lui refuser le droit d'en faire les fruits siens, si elle est frugifère. Dans l'un comme dans l'autre cas, la raison de décider, c'est qu'il ne peut pas s'enrichir aux dépens du débiteur. Une convention ou une disposition de la loi l'a investi d'une sûreté, son droit se borne à la conserver intacte, mais il ne doit retirer aucun profit de la chose qui fait l'objet de sa garantie.

Si, en fait, la chose retenue produisant des fruits, le créancier en a profité, qu'il les ait consommés ou aliénés, il doit imputer sur les intérêts de sa créance, et, à défaut, sur le capital, le bénéfice qu'il en a recueilli. (Arg. 2081, C. N.)

D'un autre côté, le créancier rétenteur ne peut pas être contraint d'accepter les fruits en déduction de sa créance. Cela résulte nécessairement du principe que le créancier ne peut pas être forcé de recevoir en paiement une autre

chose que celle qui est due (C. N., 1247), et de cet autre
principe que le débiteur ne peut point l'obliger à recevoir en partie le paiement de la dette. (C. N., 1244).

Une convention a pu intervenir entre le créancier et le
débiteur au sujet des fruits de la chose retenue. Dans ce
cas, s'il s'agit d'un immeuble, on retombe dans l'antichrèse; s'il s'agit d'un meuble, cette convention devra
être également exécutée, pourvu que le bénéfice à com-
penser avec les intérêts de la créance ne dépasse pas le
taux de l'intérêt légal.

Mais, en l'absence de toute convention, le créancier
a-t-il le droit de percevoir ces fruits lorsque cela lui
convient, sauf à les imputer comme je l'ai dit, et cela
malgré la volonté du débiteur?

On l'a soutenu. « Il résultait, dit-on, de plusieurs
textes du droit romain, que le créancier saisi d'un gage
devait en imputer les fruits sur sa créance. (L. 1, 2, 3,
De pignerat. act.; — L. 1, *De distract. pign.* C.) Rien ne
serait d'ailleurs moins judicieux que de lui refuser ce
droit, car il n'y aurait alors d'autre alternative que de
laisser périr les fruits, ce qui serait contraire à l'intérêt
commun, ou d'obliger le créancier à les livrer au débiteur, ce qui rendrait la rétention illusoire. Le Code Napoléon s'en est formellement expliqué en ce qui touche
le gage. » (1)

____

(1.) Dalloz, *Jurispr. gén.*, v° *Rétention*, n° 62.

Ce système me paraît trop absolu. A l'égard des textes du droit romain invoqués, la conséquence qu'on en tire est exagérée; ou en force le sens. Tous se placent dans l'hypothèse où les fruits de la chose engagée ont été perçus par le créancier; ils lui imposent alors l'obligation de les imputer sur ce qui lui est dû. Il y a loin de là à l'autoriser à les percevoir. Tous aussi sont relatifs au cas de gage conventionnel, d'où il suit que le droit ou le devoir pour le créancier de percevoir les fruits résultait vraisemblablement des clauses du contrat.

Il faut d'ailleurs reconnaître qu'il y aurait un inconvénient très-grand à laisser, dans tous les cas, le créancier libre de disposer des fruits. N'y aurait-il pas à craindre qu'ils ne fussent pas imputés sur les intérêts ou sur le capital pour toute la valeur qu'ils ont en réalité? Les motifs qui ont porté le législateur à prohiber toute clause qui autoriserait le créancier à s'approprier le gage ou à en disposer sans les formalités prescrites par la loi, ne sont-ils pas applicables ici? L'analogie est saisissante : qu'il s'agisse de la chose ou de ses produits, le danger est le même pour le débiteur, et l'on voudrait qu'en l'absence de toute convention des parties, alors même que cette convention a été impossible, le droit commun serait pour le créancier la faculté de disposer à sa guise des produits!

Est-ce que l'art. 2081 peut, comme on le prétend,

régir notre hypothèse? Mais quelle différence entre les deux cas! Les intérêts d'une créance sont toujours liquides, il n'y a pas à craindre qu'ils soient imputés pour moins que leur valeur, et que le débiteur soit en perte.

La solution que je vais proposer ne s'appuie pas comme la précédente sur des analogies inexactes et une utilité contestable; je la déduis des principes généraux de la matière.

Les jurisconsultes romains avaient déjà posé le principe que les fruits du gage en font partie (L. 13, *De pignorib. et hypoth.*, D.; — L. 3, *In quib. caus. pig.*, C.). Ce principe, reproduit dans notre ancien droit français (1), doit être admis également aujourd'hui (2) et étendu sans difficulté à tout droit de rétention. Les produits d'une chose, avant leur séparation, en faisaient nécessairement partie; ils étaient soumis en même temps qu'elle au droit de rétention, que la convention ou la loi a attribué au créancier. Puisqu'ils sont aux mains du créancier au même titre que la chose retenue, ils sont aussi régis par les mêmes principes. Or, quel est le droit du créancier sur la chose elle-même? Uniquement d'en conserver la détention. C'est aussi le seul droit qu'il aura sur les pro-

(1) Guy du Rousseaud de la Combe, *Jurisprudence civile*, v° *Gage*, n° 6.

(2) Troplong, *Nantissement*, n° 81.

duits, pour le cas du moins où ils peuvent se conserver sans perte ni détérioration. Dans le cas contraire, la conduite à tenir par le créancier se déduit d'un autre principe dont je parlerai tout à l'heure, à savoir, qu'il est obligé de veiller à la conservation de la chose en bon père de famille. Or, un administrateur vigilant ne laisse pas périr les produits de ses biens. Le créancier rétenteur devra donc, ou mettre ces fruits à la disposition du débiteur, ou les vendre aux prix courants, et imputer sur la dette la somme qui en sera provenue. Ce sera une question de fait, qui pourra être débattue, que celle de savoir si le créancier en a tiré le meilleur parti possible.

86. — Le droit de rétention peut être transmis en même temps que la créance qu'il garantit (1). Cela était déjà admis en droit romain (voy. n° 18), et ne peut faire doute aujourd'hui en présence du principe contenu dans l'art. 1692, C. N., dont les termes sont évidemment énonciatifs.

(1) Il ne saurait être question d'une cession principale du droit de rétention, le cédant restant investi de la créance. Tout droit accessoire ne peut, sous peine d'extinction, être séparé du droit principal auquel il se rattache. Si le législateur de 1855, consacrant une pratique répandue, mais vicieuse, a reconnu implicitement la validité de la cession de l'*hypothèque légale* de la femme (L. 23 mars 1855, art. 9), on ne pourrait s'en prévaloir pour généraliser, au mépris de la logique, cette dérogation aux principes que la toute puissance du législateur pouvait seule réaliser.

Mais il ne peut exister aux mains du cessionnaire qu'aux mêmes conditions exigées de la part du cédant. Il suit que pour en être investi à l'égard du débiteur et des tiers il ne suffira pas d'avoir accompli les formalités exigées par la loi pour le transport de la créance (C. N., 1690-1691); il faudra, de plus, que la possession de la chose retenue ait été remise par le cédant au cessionnaire.

87. — Si le créancier rétenteur peut transmettre son droit, à plus forte raison peut-il en céder l'exercice, c'est-à-dire transmettre à une autre personne la possession dont il est investi.

L'utilité de cette opération apparaît lorsque le créancier s'en sert comme moyen de crédit, affecte à la garantie de sa propre dette la chose retenue. C'est ce qu'on appelle sous-gage.

On pourrait objecter que le droit de rétention, exigeant comme condition essentielle de son existence la possession de la chose qu'il a pour objet entre les mains du créancier, si celui-ci se démet de la possession en faveur d'un tiers, son droit devra se trouver éteint. Mais le créancier n'est point tenu de détenir par lui-même, un autre peut détenir en son nom. Il n'y a point ici abandon de la possession par le rétenteur, il détient par le tiers qui a reçu de lui la chose en s'obligeant à la lui restituer lors du paiement de la dette (1).

J'ai présenté le sous-gage comme n'étant que la cession de l'exercice du droit de rétention. On ne saurait, en effet, lui reconnaître un autre caractère. Le droit de rétention, étant réel, ne peut s'établir par convention qu'autant qu'il soit concédé par le véritable propriétaire.

En droit romain, le créancier sous-gagiste voyait cesser son droit lorsque s'éteignait celui de son débiteur (2). Le *sub-pignus* ne conférait donc pas de droit réel au second créancier, car le propre du droit réel est ce caractère absolu qui permet de l'opposer à tous. Il n'avait que des effets restreints aux parties entre lesquelles il était intervenu. Il ressemblait au *pignus* : 1° en ce que c'était un contrat réel; il n'était parfait que par la remise de la chose; 2° en ce que le débiteur s'interdisait de réclamer la possession de la chose livrée au créancier tant que celui-ci ne serait pas désintéressé; 3° en ce que le créancier s'engageait à restituer la possession après cet évènement. Mais il n'y avait qu'un droit réel de rétention, celui qui appartenait au premier créancier.

(1) Zachariæ, t. 3, § 433.

(2) Si pignus creditor pignori dedit, domino solvente pecuniam quam debuit, secundi pignoris neque persecutio dabitur, neque retentio relinquetur. (L. 40, § 2, *De pignerat. act.;* — L. 13, § 2, *De pignorib.*, D.; — L. 1, *Si pignus pignori*, C.)

Il en est de même aujourd'hui, sauf le cas où la chose objet du droit de rétention étant mobilière, le second créancier la reçoit en gage de bonne foi. (Voy. n° 71.)

Il faut soigneusement distinguer les effets de ce contrat entre les parties et à l'égard des tiers. Entre les contractants il produit en partie les effets d'un contrat ordinaire de gage. Je dis en partie, car il ne saurait évidemment donner au second créancier le droit de faire ordonner en justice que la chose lui demeurera en paiement.

Vis-à-vis des tiers, il n'obtient aucun effet, pas plus que les autres contrats d'où naissent des droits purement personnels. Il ne peut évidemment produire un privilége, car le privilége ne peut être constitué sur la chose d'autrui. Comment le créancier pourrait-il prétendre un droit de préférence sur le prix d'un objet que ni lui ni les autres créanciers de son débiteur n'ont le droit de faire vendre? Et quels seraient les tiers auxquels on pourrait songer à opposer le droit de rétention? Seraient-ce les autres créanciers du débiteur sous-gagiste? Mais, je le répète, cette chose ne fait pas partie de leur gage, car elle n'est pas un bien de leur débiteur (C. N., 2093). Aucun conflit ne peut donc exister entre eux et le créancier sous-gagiste. Seraient-ce des successeurs à titre particulier du rétenteur : acheteur, donataire? Mais ils ne peuvent avoir aucun droit, ayant traité avec un non-propriétaire. Le créancier sous-gagiste ne peut donc se trouver en face que d'un seul adversaire, le propriétaire ; et cet adversaire l'emporte sur lui.

Le principe que le sous-gage n'est que la cession de l'exercice du droit de rétention du premier créancier, explique les règles de ce contrat. Le cessionnaire ne pourra se comporter, vis-à-vis de la chose, autrement que le cédant : ainsi, son droit se bornera à en conserver la détention ; il ne pourra, si elle est frugifère, en percevoir les fruits qu'autant que son cédant était autorisé à le faire. S'il est responsable à son égard de la garde de la chose, c'est le cédant qui répondra des actes de son cessionnaire comme des siens propres vis-à-vis du propriétaire.

88. — Aux droits du créancier rétenteur sur la chose affectée à sa garantie correspondent certaines obligations.

La principale de ces obligations, celle d'où dérivent toutes les autres, consiste à restituer la chose et tous ses accessoires lorsque le droit de rétention vient à s'éteindre.

Pour l'y contraindre, le propriétaire pourra intenter l'action en revendication : et vis-à-vis du rétenteur et de ses héritiers ou ayant-cause à titre universel, cette action sera imprescriptible ; elle pourra être exercée tant que l'objet sera entre leurs mains. C'est que le créancier est détenteur à titre précaire ; il ne peut prescrire la propriété de la chose retenue par quelque laps de temps que ce soit (C. N., 2236); et ses héritiers et successeurs universels continuent sa possession avec son vice originel. Une possession distincte de celle de leur auteur ne peut pas commencer en leur personne (C. N., 2237). Toutefois, le rétenteur ou ses représentants commenceront une possession utile pour la prescription à partir de l'instant où le titre de cette possession se trouvera interverti, soit par une cause venant d'un tiers, par exemple la vente qui serait faite de l'objet en question par le propriétaire apparent de cet objet; soit par la contradiction qu'il aurait opposée au droit du propriétaire.

La chose est entre les mains d'un tiers : pour savoir si la revendication peut être intentée contre ce tiers et pendant combien de temps, il faut distinguer s'il est possesseur de bonne ou de mauvaise foi. Je le suppose de bonne foi : ici une sous-distinction est nécessaire suivant la nature de la chose. Est-elle mobilière? Le possesseur actuel est pleinement sauvegardé par l'art. 2279; il n'est pas seulement possesseur, il est propriétaire à l'égard de tous, à moins toutefois que la chose n'ait été volée au rétenteur, ou perdue par lui avant de parvenir aux mains du possesseur actuel, auquel cas elle pourrait être revendiquée pendant trois ans à compter du jour de la perte ou du vol. Est-elle immobilière? La revendication pourra être intentée pendant dix ou vingt ans, temps exigé pour que le possesseur avec juste titre et bonne foi prescrive la propriété (2265, C. N.). Que si le possesseur est de mauvaise foi, la revendication pourra être intentée contre lui pendant trente ans sans qu'il y ait à distinguer s'il s'agit d'un meuble ou d'un immeuble. (C. N., 2262.)

En outre de la revendication, le débiteur, dans le cas du droit de rétention conventionnel, a une autre action pour réclamer la chose qui lui appartient : c'est l'action personnelle née du contrat intervenu entre lui et le créancier. Cette action se prescrit par trente ans.

Il est même un cas où, bien que la créance garantie par la rétention subsiste encore, cependant le débiteur est en droit de réclamer et devra obtenir la restitution de la chose retenue : c'est celui où le créancier abuserait de cette chose, la mettrait en péril. Cette limite apportée au droit du créancier gagiste par l'art. 2082, C. N., est trop équitable pour n'être pas étendue sans difficulté à tout droit de rétention, qu'il puise son origine dans la loi ou dans la convention des parties.

89. — De l'obligation de restituer la chose résulte, pour le créancier rétenteur, celle de la *conserver*. Si donc il l'a, par son fait, détériorée ou détruite, il est responsable vis-à-vis du débiteur. Il pourra seulement déduire des dommages-intérêts auxquels il sera condamné, la créance qu'il porte contre le propriétaire.

Mais n'encourt-il de responsabilité que pour les dommages causés par son fait? Que décider de la perte ou du dommage causé par une force étrangère? N'y aura-t-il pas lieu de se poser la question de savoir s'il aurait pu ou non l'empêcher? En d'autres termes, quelle est l'étendue de sa responsabilité?

Cette question est réglée par le Code en ce qui concerne le droit de rétention conventionnel. Le rétenteur doit apporter à la conservation de la chose retenue tous les soins d'un bon père de famille (C. N., 2080-1137). Le même principe est certainement applicable au rétenteur qui puise son droit dans une disposition de la loi, puisqu'il régit tout détenteur de la chose d'autrui si la loi n'y a pas dérogé expressément.

V.

VOIES JURIDIQUES PAR LESQUELLES S'EXERCE LE DROIT DE RÉTENTION.

90. — « Sous le rapport de la procédure, dit M. Rauter (1), la rétention est un acte par lequel la partie détentrice de la chose d'autrui répétée contre elle, la retient de sa propre volonté et sans l'intervention du juge, afin d'obtenir plus promptement le paiement d'une dette

(1) *Revue Étrangère*, 1839, p. 430.

qui lui est due par celui qui revendique ou répète la chose. Ainsi, en procédure, le *droit de rétention est une exception à la règle que l'on ne peut se faire justice à soi-même;* il présente une *voie de fait substituée à la voie de droit* et placée à côté de cette voie. »

La même idée est exprimée par MM. Zachariæ, Aubry et Rau (1) : « *Les voies de fait,* disent-ils, ne sont exceptionnellement permises que dans le cas de légitime défense, et *dans ceux où le droit de rétention est admis.* »

Que la rétention soit une *voie de fait,* c'est une conséquence toute naturelle dans le système qui ne la considère que comme une exception de créancier à débiteur, qui ne l'admet que dans les relations de ces deux personnes comme moyen d'exciter plus fortement le débiteur à se libérer, en un mot, dans le système de la personnalité de ce droit. Dès qu'elle est un droit personnel, il faut sans difficulté reconnaître qu'elle constitue un de ces cas exceptionnels où la personne nantie d'un tel droit peut, sans l'intervention du juge, accomplir ce à quoi elle a droit, et c'est avec raison que MM. Zachariæ, Aubry et Rau rapprochent le cas actuel de celui que prévoit l'article 672, al. 3.

Le système qui admet la réalité, mais la généralité du droit de rétention, conduit également à poser en principe

(1) T. 5, § 745 (2e éd.).

que cette garantie ne s'exerce pas par voie de droit, mais par voie de fait. Et en effet, dans cette opinion, l'existence du droit de rétention dépendant uniquement de l'équité, et la question de savoir s'il est équitable d'autoriser la rétention dans tel cas donné, dépendant des circonstances de la cause, de l'appréciation personnelle de celui qui résout cette question, le défendeur, en l'exerçant, commettra une voie de fait qui sera licite ou illicite, suivant que le tribunal appelé plus tard à en décider jugera la question d'équité, en vertu de l'omnipotence qu'on lui octroie en cette matière à raison d'une prétendue lacune de la loi et du pouvoir qu'il peut alors puiser dans l'art. 4, C. N.

Pour moi, qui ne reconnais le droit de rétention au créancier qu'autant qu'il fonde sa prétention non sur son appréciation personnelle, mais sur un texte de loi, je considère comme complètement inexact de prétendre que la rétention soit une voie de fait et constitue une exception au principe que nul ne peut se faire justice par ses propres mains. Le droit de rétention, comme tous les autres droits réels, s'exerce à l'aide de faits correspondant à sa nature particulière. Le fait à l'aide duquel il s'exerce, c'est la détention de la chose. Loin qu'il y ait là aucune exception aux principes généraux du droit, ce n'en est que l'application la plus simple.

Tant que l'exercice du droit de rétention sera respecté

par les tiers, et parmi eux je range même le propriétaire,
tant que la détention du créancier sera paisible, il y a
bien un fait, mais ce fait, c'est l'exercice du droit, c'est
un fait analogue à ceux à l'aide desquels s'exercent l'usufruit, l'usage, tous les droits réels en général, pour lesquels on ne dit point cependant qu'ils constituent des
voies de fait. Pourquoi donc en serait-il autrement de la
rétention?

91. — Supposons maintenant que la détention du
créancier soit l'objet d'une attaque de la part du propriétaire ou de la part de toute autre personne.

Il peut se faire que cette attaque soit tellement pressante, ait un tel caractère de violence que l'intervention
du juge soit impossible pour le moment, et que, s'il
fallait l'attendre, la dépossession du créancier serait arrivée longtemps avant qu'elle se produisît. Dans ce cas,
le rétenteur peut opposer la violence à la violence, employer la force pour repousser l'attaque dont il est l'objet,
et se maintenir en possession de la chose qu'on veut lui
enlever. Ici apparaît bien une voie de fait, nous nous
trouvons bien dans un des cas exceptionnels où ces voies
sont permises; mais l'aide propre et privée au moyen de
laquelle le détenteur a protégé son droit n'est que l'application d'un principe de droit naturel incontesté, celui de
la légitime défense, qui nous autorise à repousser par

tous les moyens, non-seulement l'attaque dirigée contre notre personne, mais encore celle qui est dirigée contre nos biens, les obstacles qu'on apporte à la jouissance de nos droits en possession de laquelle nous nous trouvons actuellement.

92. — Le plus souvent le propriétaire n'essaiera pas de rentrer par violence en possession de sa chose. En présence du refus du créancier de lui restituer cette possession, il s'adressera à la justice.

Dans ce débat judiciaire, la qualité de détenteur, qui appartient au créancier nanti du droit de rétention, lui assigne nécessairement le rôle de défendeur. La rétention s'exerce donc naturellement par voie de défense.

On sait que les moyens de défense opposés par le défendeur à la demande dirigée contre lui se divisent en moyens de défense au fond et en exceptions.

La rétention ne constitue évidemment pas un moyen de défense direct. En effet, le défendeur ne prétend point contester au demandeur, qui réclame sa chose par une action réelle ou personnelle, sa qualité de propriétaire. Bien au contraire, il le reconnaît pour propriétaire ; c'est même là la base de sa prétention. Mais il soutient qu'il a le droit de conserver la chose, non point sans doute d'une manière définitive, mais jusqu'à ce qu'il ait été désintéressé.

On voit donc que la rétention constitue un de ces moyens de défense appelés exceptions, qui tendent à repousser une demande sans la contester directement, qui tendent, non pas à faire rejeter complètement la demande, mais à la faire déclarer actuellement non recevable.

Je ne la compte point cependant au nombre des exceptions appelées dilatoires. Celles-ci ont, en effet, essentiellement pour objet l'obtention d'un délai, qu'il ne dépend point du demandeur d'abréger ou de faire disparaître; on le voit par les exceptions dilatoires dont traite le Code : celles de la femme et de l'héritier, pour faire inventaire et délibérer, et celle de garantie. Tel n'est point le caractère de la rétention. Elle a bien pour résultat un certain délai, mais elle a cela de commun avec toutes les exceptions (1); puis, ce délai est indéterminé comme dans l'exception de la caution à fournir par l'étranger, ce qui n'a pas lieu pour l'exception dilatoire à l'égard de laquelle le délai pendant lequel on peut l'opposer est déterminé par la loi (C. N., 795, 797, 1456, 1457; — C. Proc., 174, 175 et suiv.), ou par le juge (C. N., 798, 1458; — C. Proc., 174). Enfin, tandis que le demandeur auquel on a opposé une exception dilatoire est contraint de rester dans l'inaction pendant le temps ainsi

______

(1) Boitard, *Procéd. civ.*, t. 1, n° 451.

fixé, il dépend au contraire du demandeur auquel on oppose la rétention de diminuer le délai ou de le supprimer entièrement en payant la dette.

93. — Au cas où la rétention n'a pas été opposée par le créancier, peut-il agir par voie d'action pour réclamer le paiement de sa créance? Cette question, déjà résolue affirmativement dans l'ancien droit, ne saurait présenter quelque incertitude aujourd'hui que tout droit garanti par la loi engendre une action.

Il n'y a même pas à distinguer si le rétenteur a renoncé à se prévaloir de son droit de rétention, a perdu volontairement la possession ou en a été privé malgré lui. Dans l'un comme dans l'autre cas, la solution doit être la même. La rétention est un droit accessoire, dont l'existence ou la perte n'a aucune influence sur l'existence du droit principal. La renonciation expresse ou tacite au droit de rétention ne fait point présumer l'abandon de la créance qu'il garantit. (1286, C. N.)

94. — Mais ne faut-il pas aller plus loin, et dire que le rétenteur qui a perdu la possession a une action réelle pour se la faire restituer, et arriver ainsi à opposer utilement la rétention quand le moment sera venu?

Il faut sans difficulté refuser cette action au créancier qui a renoncé à se prévaloir du droit de rétention.

Quant à celui qui a été privé de la possession contre son gré, j'ai fait voir précédemment qu'il n'est pas pour cela déchu de son droit. Lorsque la rétention porte sur un meuble, il a une action en revendication qui lui permet de reprendre la chose, afin de pouvoir exercer sur elle sa garantie. Lorsqu'elle porte sur un immeuble, il arrive au même but au moyen de la réintégrande. (Voy. n° 83.)

95. — Que décider s'il n'y a pas dépossession, mais simple trouble?

Distinguons deux hypothèses : la rétention peut porter sur un meuble ou sur un immeuble.

Elle porte sur un meuble. — Il est généralement admis que les actions possessoires ne s'appliquent pas aux choses mobilières, parce que, dit-on, en matière de meubles la loi française ne distingue point entre la possession et la propriété (C. N., 2279). De plus, il résulte bien de l'art. 3-*, C. Pr. civ., aux termes duquel la citation sera donnée devant le juge de paix de la *situation* de l'objet litigieux lorsqu'il s'agira de *toutes actions possessoires*, que ces actions n'ont trait qu'aux immeubles. Au reste, la règle de l'article 2279, *possession vaut titre*, protège suffisamment le rétenteur de meubles. Cette maxime, en effet, peut être invoquée non-seulement par celui qui possède à titre de propriétaire, mais encore par celui qui possède à titre d'usufruitier, d'usager, en un mot par toute personne ayant un droit réel sur la chose et la possédant conformément à son droit (1).

Si la rétention porte sur un immeuble, je ne fais nulle difficulté d'accorder en cas de trouble au rétenteur l'action en complainte. Pour intenter l'action possessoire, il n'est pas en effet indispensable de posséder à titre de propriétaire. On n'admet plus chez nous les idées subtiles des jurisconsultes romains sur la possession : à chaque droit réel s'exerçant sur la chose correspond une possession qui est aussi digne de protection que la possession à titre de propriétaire (2).

Au reste, le rétenteur a beaucoup moins d'intérêt que le possesseur *animo domini* à intenter l'action possessoire en cas de trouble. Tandis que la possession de ce dernier, pour lui permettre d'arriver à la prescription, doit être *paisible*, il suffit au rétenteur de posséder; il est pleinement garanti tant qu'il détient l'immeuble, sa possession fût-elle en butte à des attaques continuelles.

(1) *Conf.* Troplong, *Prescription*, n° 1060.
(2) Voy. Carré, *De la compétence*, art. 231 ; — *Justices de paix*, n° 1401.

VI.

EXTINCTION DU DROIT DE RÉTENTION.

96. — Le droit de rétention étant une garantie accessoire, il faut lui appliquer le principe général de l'article 2180-1°. Il s'éteint chaque fois que s'éteint la créance à laquelle il se rattache.

97. — Parmi ces causes d'extinction de la créance, faut-il compter la prescription? Si trente ans se sont écoulés depuis que la créance est devenue exigible, le débiteur pourra-t-il prétendre que la dette est éteinte par la prescription, bien que le créancier soit resté pendant tout ce temps en possession de la chose retenue, et réclamer en conséquence la restitution de cette chose?

Cette question s'est produite presque en même temps qu'est apparue la prescription libératoire. On sait que cette prescription, inconnue dans le droit romain de la belle époque, fut introduite dans le Bas-Empire par une Constitution des empereurs Honorius et Théodose. Une Constitution de Justin décida qu'elle ne courrait pas contre le rétenteur (1).

(1) Imo et illud proculdubio est quod si quis eorum, quibus aliquid debetur, res sibi suppositas sine violentia tenuerit; per hanc detentio-

Cette décision est loin d'avoir été acceptée unanimement dans notre ancienne jurisprudence. Elle fut suivie par Claude Serres. « La prescription, dit-il, ne court pas contre l'engagiste qui possède *quia pignori inhæret;* on ne peut même prescrire contre l'engagiste les sommes qui peuvent lui être dues au delà du prix de l'engagement, quoiqu'il ait demeuré plus de trente ans sans les demander, et il est en droit de s'en faire payer avant que de délaisser le gage. » (1).

Mais d'autres jurisconsultes se prononcèrent en sens contraire. « Le gage est libéré par la prescription de l'obligation, » dit Rousseaud de La Combe (2). Il en donnait, il est vrai, une raison erronée lorsqu'il prétendait justifier son opinion par la L. 6, *Quib. mod. pign. vel hyp. solv.*, D. Duparc-Poullain avait déjà fait remarquer que la loi citée n'a aucun rapport à la question (3). M. Delvincourt a fort bien réfuté l'argument de La Combe : « Il est évident, dit-il, que cet auteur a mal saisi le sens de la loi qu'il invoque; d'abord, parce que *jure Pandectarum* on ne connaissait pas la prescription à l'effet de se libérer;

---

nem interruptio † præteriti temporis si minus effluxit triginta vel quadraginta annis : et multo magis quam si esset interruptio per conventionem introducta : cum litis contestationem imitetur ea detentio. (L. 7, § 5, *De præscript.* 30 vel 40 ann. C.)

(1) *Institutions du droit français*, liv. 3, tit. 15, § 4.

(2) *Jurisprudence civile*, v° *Gage*, n° 10.

(3) *Principes du droit français*, t. 6, p. 237, n° 10.

la loi précitée ne peut donc être applicable à la question. En second lieu, il y est dit que le gage est libéré *cum tempore finitum est;* il s'agit donc du cas où le gage n'a été donné que pour un certain temps, et l'on décide que, ce temps écoulé, le gage est libéré; ce qui est tout simple, et ce qui, encore une fois, ne fait rien à la question proposée. » (1)

Despeisses soutint la même opinion en l'appuyant sur de meilleurs motifs. « La prescription de la dette pour l'assurance de laquelle le débiteur a baillé au créancier un fonds en engagement, avec pacte qu'il jouirait des fruits dudit fonds au lieu des intérêts, commence à courir dès le jour que le terme du paiement de la dite dette est échu, encore qu'après ce terme le créancier ait joui des fruits dudit fonds en vertu dudit engagement. En ce dernier cas, la jouissance des fruits n'empêche pas le créancier de demander le paiement de sa dette, comme il a été dit au titre du gage. » (2)

Il y avait dit en effet : « Bien que le créancier possède le gage, il n'est pas empêché pour cela de demander la dette, car, puisqu'il n'est pas tenu de rendre le gage qu'il ne soit payé, il s'ensuit qu'il peut demander son paiement bien qu'il tienne le gage; autrement jamais créancier qui

---

(1) Delvincourt, t. 3, p. 211, note 2.
(2) Despeisses, *De la prescription*, tit. 4, n° 23.

aurait gage ne pourrait se faire payer de la dette. » (1)

Duparc-Poullain était bien aussi d'avis de l'extinction de l'obligation par la prescription, puisqu'il écrivait « qu'après trente ans le créancier ne pourrait pas forcer le débiteur de le payer et de reprendre son gage. » Seulement, suivant lui, une obligation naturelle survivait à l'obligation civile, puisqu'il permettait au créancier, « si le débiteur réclamait le gage, d'excepter et de refuser cette restitution jusqu'à ce que le débiteur l'eût payé. » (2)

Dans notre droit, les auteurs et la jurisprudence sont unanimes pour déclarer que la détention, par le créancier, d'une chose sur laquelle il exerce le droit de rétention, fait obstacle à la prescription de la créance (3).

Malgré un ensemble aussi imposant d'autorités, et quelque témérité qu'il puisse y avoir de ma part à entrer seul en lice contre elles, je proposerai une solution opposée.

(1) Despeisses, *Gage*, sect. 3, n° 26.

(2) *Principes du droit français*, t. 6, p. 238.

(3) Delvincourt, t. 3, p. 211, n⁰ˢ 2; — Duranton, t. 18, n° 553, et t. 21, n° 253. — Malleville, t. 4, p. 166; — Vazeille, *Traité des prescriptions*, n° 142; — Proudhon, *De l'usufruit*, t. 2, n° 762; — Zachariæ, 2° éd., t. 3, § 438, n⁰ˢ 1; — Troplong, *Nantissement*, n⁰ˢ 474, 551; — Favard, Rép., v° *Nantiss.*, § 2, n° 5; — Dalloz, *Jurispr. Gén.*, v° *Rétention*, n° 200; — *Prescription*, n° 788; — Cass., 27 mai 1812, Chivron, Sirey, 13, 1, 85; — C. de Riom, 31 mai 1828, Blancheton, Dalloz, *Jurispr. Gén.*, t. 36, p. 229, n⁰ˢ 5.

98. — Aux termes de l'art. 2262, C. N., « toutes les actions, tant réelles que personnelles, sont prescrites par trente ans. »

Cette formule, incomplète lorsqu'il s'agit des actions réelles à l'égard desquelles la prescription est soumise non-seulement au laps de temps, mais encore à d'autres conditions déterminées par la loi (2219), est parfaitement exacte appliquée aux actions personnelles. Ces dernières s'éteignent par la seule inaction du créancier pendant le temps déterminé par la loi pour l'accomplissement de la prescription.

Tel est le principe. Il comporte des exceptions : il y a des créances à l'égard desquelles la prescription ne court point (C. N., 2257); il y a des évènements qui interrompent le cours de la prescription libératoire (C. N., 2244 et suiv.); il y a des personnes contre lesquelles elle ne court pas. (C. N., 2251 et suiv.)

Le créancier rétenteur est-il une de ces personnes privilégiées? La loi a pris soin de déclarer que l'énumération qu'elle donne de ces personnes est limitative (C. N., 2251); or, au contraire de la loi romaine, elle n'y a point compris le créancier qui a un droit de rétention. Il peut se faire sans doute que le créancier rétenteur se trouve être une de ces personnes contre lesquelles la prescription ne court point; mais alors ce n'est point parce qu'il détient la chose de son débiteur qu'il est à l'abri de la prescription, mais parce qu'il se trouve dans une des exceptions créées par la loi.

Pourrait-il invoquer la nature de sa créance? Mais il est remarquable que les suspensions de prescription établies par le Code à raison de la nature de la créance (C. N., 2257) ont pour cause unique l'impossibilité pour le créancier d'agir. Or, en supposant que la liste pût en être augmentée, devrait-on y comprendre la créance garantie par un droit de rétention? Non certainement, car rien n'a empêché le créancier d'agir contre le débiteur, ne fût-ce que pour interrompre la prescription.

Allèguerait-on qu'en poursuivant le débiteur il s'exposerait à perdre sa garantie? Mais ce serait faire une confusion entre les poursuites à l'effet d'obtenir paiement dirigées contre le débiteur, et les poursuites à l'effet de vendre la chose que le créancier a entre les mains. Ces dernières seules font présumer la renonciation à son droit.

Enfin, le rétenteur peut-il invoquer à son profit un fait interruptif de prescription? On le prétend en argumentant de l'art. 2248, C. N. La possession que le débiteur a laissée aux mains du rétenteur serait une reconnaissance tacite et continuelle du droit du créancier. C'est là le principal motif invoqué en faveur de ce dernier.

J'admets bien que la reconnaissance du droit du créancier de la part du débiteur peut n'être que tacite; mais on m'accordera, je l'espère, qu'il faut apporter une grande circonspection dans l'examen des faits d'où on croit pouvoir l'induire, que ces faits ne doivent point laisser subsister d'équivoque ni de doute sur l'intention de leur auteur; tels sont un paiement partiel à titre d'à-compte, la demande d'un délai pour payer, etc. Ce caractère de certitude ne peut se rencontrer, selon moi, que dans une *action*, un fait *in committendo* de la part du débiteur. Aussi sont-ce seulement des faits de cette espèce qu'on cite comme exemples de renonciations tacites. Ici, loin qu'il y ait *action*, il y a absence d'*action* de la part du débiteur. Cette abstention pouvant provenir d'une toute autre cause que d'une reconnaissance de la dette, on ne doit pas y voir un semblable aveu.

On veut mettre une présomption à la place de celle de la loi. Celle-ci présume la libération du débiteur si trente ans se sont écoulés sans poursuites de la part du créancier. « S'agit-il d'une libération, dit Bigot-Préameneu dans son exposé des motifs, la prescription est fondée sur la présomption d'une libération effective; non-seulement la loi intervient pour celui qui, ayant succédé au débiteur, peut présumer que ce dernier s'est acquitté, mais encore elle vient au secours du débiteur lui-même qui, s'étant effectivement acquitté, n'a plus le titre de sa libération. »

Cette présomption est-elle détruite par ce fait que le

créancier détient une chose appartenant à son débiteur? Mais quel danger ne serait-ce pas d'établir une pareille règle dans le silence de la loi? Combien de fois n'arriverait-on pas à des iniquités révoltantes? Il peut fort bien se faire que, soit par ignorance, soit par erreur, soit sciemment, le propriétaire ait laissé sa chose aux mains du rétenteur après l'avoir désintéressé. Ainsi, c'est un dépositaire qui est devenu créancier du déposant par suite de dépenses nécessaires; il en informe le dépositaire, qui lui en fait le remboursement, mais ne réclame pas la restitution du dépôt. Le déposant ou son héritier qui, après trente ans, lorsqu'il demandera la restitution de la chose, ne pourra pas justifier du paiement au dépositaire ou à ses successeurs, sera privé du secours de la prescription. Est-ce là un résultat conforme à l'esprit de la loi?

On se récrie sur l'iniquité qu'il y aurait à autoriser le débiteur à se faire restituer sa chose après trente ans sans avoir désintéressé le créancier. Mais on ne s'aperçoit pas que supposer que la dette n'a pas été payée par cela seul que le créancier est resté en possession de l'objet qui en garantit le paiement, c'est faire une supposition beaucoup trop absolue, qui peut fort bien être le contraire de la vérité, et qui a le tort très-grave d'être en opposition complète avec la loi, aux termes de laquelle la créance est éteinte par le laps de temps, sans qu'il soit permis de rechercher si elle a été ou non acquittée.

Le créancier, d'ailleurs, avait trente ans pour exiger ce paiement; il pouvait même se borner à interrompre la prescription. On ne peut pas dire que sa position soit mauvaise, et s'il perd sa créance, ce sera bien par son incurie.

Le système contraire offre un inconvénient beaucoup plus grave en enlevant au débiteur qui s'est libéré, mais qui ne peut rapporter une preuve de sa libération, le moyen de se dispenser de payer une seconde fois.

Ses partisans se sont encore appuyés sur ce que, lorsqu'existent des obligations corrélatives, l'imprescriptibilité de l'une mettrait obstacle à la prescription de l'autre. Le créancier, dit-on, ne prescrit jamais la chose retenue; par réciprocité, le débiteur ne peut pas prescrire contre lui la libération de la dette tant qu'il détient les choses qui en répondent. C'est là encore une règle qu'il est impossible d'admettre dans le silence de la loi. Pour décider si une dette est ou non prescriptible, il faut envisager uniquement sa nature. Toute dette est prescriptible si la loi n'a point décidé le contraire. Le fait de l'existence d'une autre dette à la charge du créancier, corrélative à la première et imprescriptible de sa nature, ne peut avoir aucune influence sur la solution de cette question. Ainsi le vendeur ne pourrait, même après trente années, opposer à l'action en revendication de l'acheteur qu'il a prescrit la propriété de la chose vendue, parce qu'il la détenait précairement : qui oserait en conclure que l'obligation de l'acheteur de payer le prix n'a pas pu s'éteindre par prescription ?

99. — En dehors des causes d'extinction qui frappent le droit principal, et par voie de conséquence le droit de rétention, ce droit a certaines causes spéciales d'extinction :

1° La perte de la chose. — De quelque manière qu'elle soit arrivée, le droit de rétention disparaît. Mais les conséquences en sont bien différentes suivant qu'elle est arrivée par cas fortuit, ou par le fait, la faute du créancier, et suivant qu'il s'agit du droit de rétention conventionnel ou légal.

En matière de droit de rétention conventionnel, lorsque la chose vient à périr par cas fortuit, le créancier peut exiger la remise d'un autre objet pour garantie de la créance, à moins que le débiteur ne préfère en effectuer immédiatement le paiement (Arg. 2020-2131, C. N.). En exigeant un nantissement, il a montré qu'il avait peu de confiance dans la solvabilité de son débiteur, il s'est fié davantage aux biens qu'à la personne ; le nantissement a été la cause déterminante du contrat. Si un évènement fortuit vient le priver de la garantie en considération de laquelle il avait accordé terme à son débiteur, il est juste qu'on lui en fournisse une autre ou qu'on le rem-

bourse; ce n'est que l'exécution de ce qui a été tacitement convenu entre les parties.

Je me suis placé dans l'hypothèse où le nantissement a
été constitué par le débiteur. Il en serait autrement si un
tiers avait affecté sa chose à la sûreté de la dette. N'étant
pas personnellement obligé à cette dette, il n'est tenu
que sur la chose engagée, non au-delà; par conséquent,
on ne peut exiger qu'il la remplace si elle vient à périr
ou à se détériorer de telle sorte qu'elle ne suffise plus à
la sûreté du créancier.

Il est aussi bien évident que notre principe est inap-
plicable au droit de rétention légal, puisqu'il repose sur
l'interprétation de l'intention des contractants.

Si la chose a péri par le fait ou la faute du rétenteur,
il en est responsable, et il sera condamné à des dommages-intérêts envers le débiteur. Il y aura lieu à compensation entre ces dommages-intérêts et la dette jusqu'à
concurrence de la somme la plus faible.

100. — 2° La renonciation expresse ou tacite du rétenteur au bénéfice qui lui appartient. — La renonciation
tacite résulte de l'abandon volontaire de la possession
par le créancier.

Il existe deux cas spéciaux où cette remise volontaire
de la possession ne met pas fin au droit de rétention, où
il faut de plus l'expiration d'un certain délai à partir de

l'abandon, ou l'accomplissement d'un évènement déterminé. (C. N., 2102-4°; — C. de Comm., 576.)

Au reste, la renonciation au droit de rétention n'entraîne pour le créancier que la perte de la sûreté qu'une convention ou une disposition de la loi lui avait attribuée ; on ne peut jamais en induire la remise de la dette (C. N., 1286.)

101. — 3° Les poursuites exercées par le rétenteur lui-même à l'effet de convertir la chose en argent. — Comme la vente a pour conséquence nécessaire la délivrance à l'acheteur de l'objet vendu, du moment que le créancier, exerçant le droit de son débiteur, joue le rôle de vendeur, il doit être considéré comme ayant renoncé à son droit de rétention.

VII.

UTILITÉ DU DROIT DE RÉTENTION.

102. — L'utilité du droit de rétention consiste à augmenter les chances de paiement de la créance à laquelle il se rattache. On peut l'envisager à un double point de vue, dans les rapports du rétenteur avec son débiteur, dans les rapports du rétenteur avec les tiers.

A l'égard du débiteur, la rétention a pour effet de

l'exciter à se libérer promptement s'il lui tarde de rentrer en possession de sa chose. Elle produit encore une économie de temps et de frais, puisque les prétentions des parties seront décidées par le même jugement au lieu de nécessiter deux instances distinctes.

A l'égard des tiers, la rétention assure au créancier qui en use un avantage équivalent à un droit de préférence.

Et cependant certaines garanties comprennent à la fois un droit de rétention et un droit de préférence (C. N., 2073, 2082); et le législateur a quelquefois accolé un privilége au droit de rétention en faveur de certaines créances. (C. N., 1612, 1613, 2102-4°, 2103-1°.)

Quelle est l'utilité du droit de rétention à côté du privilége?

Cette utilité est très-grande. Je suppose le cas du gage :

1° Si le créancier gagiste n'avait que son droit de préférence, la vente du gage pourrait être poursuivie par les autres créanciers comme bon leur semblerait; cette vente pourrait avoir lieu d'une manière inopportune, préjudiciable au créancier gagiste. — Au moyen du droit de rétention, il pourra se refuser à abandonner à l'adjudicataire la possession du meuble vendu, à moins qu'il ne paie;

2° Le débiteur peut être un homme insouciant, gérant ses affaires avec incurie, laissant dépérir ses biens. —

Avec la rétention, le créancier gagiste empêche le débiteur de se remettre en possession de l'objet donné en gage et de le détériorer;

3° Si la chose objet du gage peut retourner en la possession du débiteur avant le paiement de la dette, qui l'empêche de la vendre? Et alors l'acheteur de bonne foi ne peut-il pas répondre au créancier gagiste par la maxime *en fait de meubles possession vaut titre* (2279), qu'il pourrait opposer à un propriétaire, à plus forte raison à celui qui ne réclame qu'un droit moins étendu? — La rétention aura pour effet de protéger le créancier contre l'application de cette règle, contre les aliénations possibles de la part de son débiteur;

4° Si le gage ne conférait au créancier qu'un droit de préférence, il pourrait être primé sur le prix de la chose par des créanciers ayant un privilége préférable au sien. — Le droit de rétention lui assure un paiement intégral; il n'a plus à craindre ni supériorité, ni concours de la part des autres créanciers.

Le même raisonnement est applicable partout où le droit de rétention se trouve joint à un privilége.

SECTION II.

Applications.

103. — J'ai dit précédemment (n° 79) que le droit de rétention est conventionnel ou légal. Je me rattacherai à cette distinction pour diviser en plusieurs groupes les cas dans lesquels il existe. J'examinerai successivement : 1° les cas dans lesquels le droit de rétention résulte d'une convention expresse; 2° ceux dans lesquels il est créé par la loi en l'absence d'une convention expresse, mais par une sage interprétation de l'intention des parties; 3° ceux où il est établi par la loi en l'absence d'une convention expresse et de toute interprétation de la volonté des parties.

I.

CAS DANS LESQUELS LE DROIT DE RÉTENTION RÉSULTE D'UNE CONVENTION.

104. — Ces cas sont ceux du gage et de l'antichrèse (C. N., 2082, 2087), droits complexes dont la rétention constitue un élément essentiel. C'est cet élément seul qui doit m'occuper ici; je l'envisagerai isolément, et en faisant abstraction de tout ce qui compose par ailleurs ces deux garanties.

Ce qu'il importe d'abord de constater, ce sont les conditions particulières d'existence du droit de rétention conventionnel. A cet égard, il importe de distinguer entre le droit de rétention qui est compris dans le gage et celui qui est compris dans l'antichrèse ; et pour chacun d'eux, entre son existence entre les parties contractantes, et son existence à l'égard des tiers.

105. — En matière de gage, entre parties, deux conditions seulement sont nécessaires pour que le droit de rétention soit constitué : le consentement des parties, la tradition de la chose engagée.

Le consentement des parties n'est assujetti pour sa manifestation à aucune formalité spéciale ; s'il donne lieu plus tard à contestation entre les contractants, la preuve en sera administrée par les modes de droit commun (1).

Tant que le consentement seul est intervenu, le droit de rétention n'existe pas encore comme droit réel. Sans doute la convention de donner un gage, comme toute autre convention licite, est obligatoire ; mais elle ne donne qu'un droit personnel au stipulant, celui de réclamer l'exécution effective de l'obligation ou des dommages-intérêts. La rétention ne sera constituée comme droit réel

____

(1) Zachariæ, t. 3, § 433 ; — Troplong, *Nantissement*, n° 114.

qu'après la tradition de la chose que le débiteur est convenu de remettre en nantissement à son créancier.

A l'égard des tiers, les choses ne se passent plus aussi simplement. Le droit de rétention ne peut leur être opposé par le créancier gagiste, en outre des conditions exigées entre les parties, qu'autant que le contrat de gage ait été constaté par un acte public ou sous seing-privé ayant date certaine (2074, C. N.), au moins en matière excédant 150 fr.

Cet acte sous seing privé peut être fait en un seul original, le contrat qu'il constate étant unilatéral : il n'existe en effet d'obligation, au moment de la formation du contrat, que de la part d'une des parties : le créancier, qui prend l'engagement de restituer la chose livrée pour sûreté de la dette lorsqu'il en recevra le paiement. Mais on comprend quel intérêt a ce dernier à posséder aussi lui un original de l'acte, puisque c'est seulement en représentant cet acte qu'il peut valablement opposer son droit de rétention aux tiers.

C'est avec intention qu'aux expressions de l'art. 2074, *acte sous seing privé dûment enregistré*, j'ai substitué celle-ci, *ayant date certaine*. On voit fort bien l'utilité d'avoir exigé que le nantissement ait date certaine ; on se met ainsi à l'abri de la fraude par laquelle un débiteur au-dessous de ses affaires colluderait avec un créancier. et. dans les dix jours qui précèdent la faillite ou postérieurement à la saisie, lui donnerait des sûretés au préjudice des autres créanciers en antidatant l'acte. Mais il serait impossible de découvrir le motif pour lequel le législateur eût exigé que cette certitude de la date résultât uniquement de l'enregistrement.

Quelques auteurs ont cependant soutenu qu'il fallait s'en tenir à la lettre de la loi. Tout est de rigueur, a-t-on dit, en matière de préférence entre créanciers; il doit en être du gage comme de l'hypothèque. Or, l'omission d'une formalité prescrite par la loi, pour la validité de la constitution ou de l'inscription de l'hypothèque, en entraînerait assurément la nullité, quoique l'absence de cette formalité ne laissât aucun doute sur le fait de la constitution ou de l'inscription, et quoiqu'elle n'eût causé aucun tort à une autre personne (1).

Il faut tout d'abord rejeter cette assimilation de la matière du gage à celle de l'hypothèque. L'enregistrement est une formalité purement fiscale, qui n'a jamais eu pour but de produire une publicité qu'elle serait d'ailleurs impropre à réaliser. Elle ne peut donc être mise en parallèle avec l'inscription.

Puis, même à l'égard de cette dernière, le législateur n'a nulle part manifesté ces exigences rigoureuses qu'on

____

(1) Duranton, t. 18, n° 514.

lui attribue. Il a énuméré dans l'art. 148, C. N., les énonciations que doit contenir l'inscription pour être régulière; mais l'omission de l'une ou de quelques-unes de ces énonciations, en la rendant irrégulière, n'est pas nécessairement une cause de nullité. Cette nullité n'est point, en effet, prononcée textuellement par le Code, et l'on voit par nombre d'articles que quand il prescrit la forme d'un acte, et qu'il veut que cette forme soit rigoureusement suivie, il ne manque pas d'ajouter *à peine de nullité*. (C. N., 176, 184, 191, 359, 931, 948, 970, 1001.) Aussi la doctrine et la jurisprudence s'accordent sur la nécessité de distinguer entre les énonciations substantielles et celles qui ne sont que secondaires.

L'argument d'analogie n'est donc pas concluant.

Enfin, les paroles de l'orateur du tribunat, M. Gary, tendent aussi à faire repousser la supposition que le législateur ait rejeté ici les autres évènements auxquels il a attaché, dans l'art. 1328, la certitude de la date. « Si la convention de gage doit être opposée à des tiers, dit-il, il faut que la remise de ce gage ou la convention dont elle est l'effet *aient une date certaine* qui exclue toute idée de fraude et de collusion entre ce détenteur et le propriétaire du gage. Sans cette précaution, un débiteur infidèle, au moment où il verrait que ses effets mobiliers vont être mis sous la main de la loi, parviendrait par des intelligences criminelles à les soustraire à l'action de ses créanciers. » (1)

C'est cette prévision de la fraude qui a inspiré tout notre article 2074. Ainsi, il exige la déclaration dans l'acte : 1° de la somme due, pour éviter que, postérieurement au contrat, le créancier et le débiteur s'entendent pour simuler des dettes exagérées; 2° de l'espèce et de la nature des choses livrées, ou un état annexé de leurs qualités, poids et mesures, pour éviter qu'on substitue plus tard à une chose de médiocre valeur donnée en nantissement une chose d'un prix supérieur.

A l'égard de toutes ces formalités, un scrupule peut se produire. Pourquoi, dira-t-on, exiger, pour que le créancier gagiste puisse opposer aux tiers son droit de rétention, l'accomplissement de formes prescrites par la loi en vue du *privilége* compris dans le gage? (C. N., 2074.)

Je ne crois pas qu'on doive s'arrêter à cette objection. Je vois bien que, parmi les effets du gage, le privilége que le législateur y a attaché est celui qui lui a semblé le plus important et qui a été surtout l'objet de son attention; mais en faut-il conclure que cette expression employée dans l'art. 2074 doive être entendue dans un sens aussi restreint? Faut-il dire que la loi a scindé les éléments du contrat, faisant dépendre l'un de l'accomplissement de formalités indifférentes pour les autres? Il

(1) *Conf.*, Troplong, *Nantiss.*, n° 197 et suiv.

serait impossible de le prétendre en présence de l'article 2076, qui encore ne soumet nommément que le *privilége* du gagiste à la condition de la possession par le créancier de la chose engagée, tandis qu'il est bien évident que tous les autres effets du nantissement ne peuvent être exercés qu'à la même condition. La rétention d'ailleurs, je l'ai montré précédemment, a des effets analogues à ceux du privilége; il y a donc identité de motifs pour l'assujettir aux formalités de l'art. 2074.

106. — En matière d'antichrèse, entre parties, le consentement et la tradition de l'immeuble sont, comme au cas du gage, indispensables pour la constitution du droit réel.

Mais la preuve du consentement, qui en matière de gage n'est assujettie qu'aux règles du droit commun, ne peut, pour l'antichrèse, être établie que par écrit (2085, C. N.). Je ne crois pas cependant qu'il faille prendre ces expressions trop à la lettre. L'aveu du débiteur me semble suffisant, dans les relations des parties, pour faire preuve du contrat. Ce que la loi a voulu prohiber, c'est la preuve testimoniale. Cela ressort des paroles de M. Berlier, qui disait dans la discussion que « lors même que le fonds vaudrait moins de 150 fr., nul ne peut s'y entremettre ou du moins s'y maintenir contre le vœu du propriétaire, en alléguant des conventions verbales qui, en cette matière, pourraient devenir le prétexte de nombreux désordres. » Mais quels désordres sont à craindre lorsque le débiteur reconnaît l'existence du droit du créancier?

Vis-à-vis des tiers, outre la convention d'antichrèse établie par écrit et la tradition de la chose, il faut, aux termes de l'art. 2 de la loi du 23 mars 1855, pour que le créancier antichrésiste puisse se prévaloir du droit de rétention, que le contrat ait été transcrit sur les registres du bureau de conservation des hypothèques de l'arrondissement dans lequel est situé l'immeuble.

107. — Les conventions d'où résulte un droit de rétention ne peuvent pas être faites valablement par toute personne. Elles ne peuvent l'être que par un propriétaire, et un propriétaire capable de disposer (1).

Toutefois, en matière de gage, le droit de rétention peut être acquis au créancier sur des choses mobilières livrées par un non-propriétaire. (Voy. n° 71.)

En tout cas, dans les relations du créancier et du débiteur, le nantissement de la chose d'autrui ne laisse pas que de produire certains effets. Ainsi, il ne peut être l'objet d'un doute qu'après le paiement de la dette le créancier puisse être contraint de restituer la chose qu'il

____

(1) Pothier, *Nantiss.*, n° 27; — Zachariæ, t. 3, § 433-437.

a reçue. Il faut également admettre que le débiteur ne pourrait la réclamer avant ce paiement.

Mais le créancier avait intérêt à ce que le débiteur ne lui donnât pas en nantissement une chose qui ne lui appartenait pas, sur laquelle par conséquent il n'a pu lui conférer ni privilége ni droit de rétention, et dont il peut être évincé d'un instant à l'autre par le véritable propriétaire. Le débiteur n'ayant point réalisé la sûreté qu'il avait promise, et qui seule avait déterminé le créancier à lui livrer son argent ou à lui faire crédit, ce dernier pourra réclamer son remboursement immédiat (C. N., 1188), ou un nantissement valable. (Arg. 2020, 2131, C. N.)

108. — Pour quelles créances existe le droit de rétention conventionnel? Lorsque le créancier gagiste ou antichrésiste a fait des dépenses utiles ou nécessaires pour la conservation de la chose détenue, doit-on l'admettre à user du droit de rétention pour cette créance, qui est venue s'ajouter à celle que le gage ou l'antichrèse a pour but de garantir?   .

Je ne le pense pas. Le droit de rétention, dans les articles 2082 et 2087, n'est appelé à garantir que le paiement *de la dette pour sûreté de laquelle le gage* a été donné ou *l'immeuble remis en antichrèse.* Ce sont les expressions mêmes de la loi; or, elles sont exclusives de toute idée d'extension à une autre dette de la garantie concédée, et nous savons que la rétention ne peut résulter que d'une disposition expresse de la loi. Les termes restrictifs de l'art. 2082 ont d'autant plus de force que, quelques lignes plus haut, dans l'art. 2080-2e, la loi a reconnu l'obligation pour le débiteur de « tenir compte au créancier des dépenses que celui-ci a faites pour la conservation du gage. »

Le créancier ne pourra donc agir que par voie d'action pour le recouvrement de ces impenses.

109. — Je n'ai point à revenir sur la nature, les effets, les conditions essentielles d'existence du droit de rétention, qui sont les mêmes, je l'ai dit précédemment (n° 79), que ce droit tire son origine d'une convention ou d'une disposition de la loi.

Ce n'est pas à dire qu'il n'existe aucune différence entre le droit de rétention conventionnel et le droit de rétention légal. J'ai déjà eu occasion d'en faire ressortir quelques-unes (voy. n°s 16, 84, 88, 99). J'en mentionnerai encore une : le droit de rétention conventionnel peut exister pour quelque dette que ce soit, même pour garantir une obligation naturelle. (1) Il en est autrement du droit de rétention légal. Comme il n'existe qu'autant

(1) Troplong, *Nantiss.*, n° 24.

que la loi l'autorise formellement, il ne peut évidemment garantir qu'une obligation civile.

II.

CAS DANS LESQUELS LE DROIT DE RÉTENTION EST CRÉÉ PAR LA LOI, EN L'ABSENCE D'UNE CONVENTION EXPRESSE, PAR INTERPRÉTATION DE L'INTENTION DES PARTIES.

110. — L'article 2082-* en offre un remarquable exemple. Voici comment M. Berlier, dans l'exposé des motifs de la loi relative au nantissement, justifiait cette disposition : « Sans doute il ne faut pas arbitrairement ajouter aux contrats, mais la circonspection dont le législateur doit user en pareille matière n'est point blessée lorsque la règle qu'il trace n'est que le complément naturel des conventions et n'a pour objet que de faire observer *ce que les parties ont vraisemblablement voulu elles-mêmes*, dans la circonstance sur laquelle le législateur statue. Or, quelle est la situation des parties dans l'espèce posée? Le créancier a déjà pris un gage pour une première dette ; s'il n'en demande pas pour une seconde qui devra être acquittée ou avant la première, ou en même temps qu'elle, ce sera indubitablement parce qu'il aura considéré le gage dont il est déjà saisi comme suffisant pour répondre valablement de l'une et de l'autre dette. »

Notre article s'est inspiré de la loi unique au Code *Etiam ob chirographariam pecuniam*, admise, on le sait, dans notre ancien droit, et qu'il a reproduite en lui faisant subir d'importantes modifications. En effet, dans le droit romain, il suffisait, pour que le droit de rétention reçût l'extension dont il s'agit, qu'il y eût une autre dette entre les mêmes parties, quand bien même elle aurait été antérieure à celle pour laquelle le gage avait été donné, et quelle que fût l'époque de son échéance. Nos lois exigent que cette autre dette ait été contractée postérieurement à la mise en gage, et soit devenue exigible avant le paiement de la première (1).

Le fondement de cette disposition (la présomption de la volonté tacite des parties) sert à en déterminer l'étendue. Elle ne peut s'appliquer qu'à une dette *contractée entre les mêmes parties* postérieurement à la première dette qu'a accompagnée la remise du gage. *Contractée...*, il faut donc laisser en dehors de l'application de l'article 2082 la dette qui serait née d'un quasi-contrat, d'un délit et d'un quasi-délit, car elle n'a pu entrer dans les prévisions des parties.

Il en est de même, par identité de motif, du cas où le débiteur, qui a constitué le gage pour sa propre dette, se trouve l'héritier d'une personne qui a contracté de son

(1) Aix, 21 fév. 1840. Lançon, C. Lafond, *J. du P.*, 1840, 1, 623.

côté, envers le même créancier, une dette à elle personnelle.

Est-ce un véritable droit de gage, ou un simple droit
de rétention qu'établit la seconde partie de l'art. 2082?
Bien que la première interprétation soit celle qui obtienne
le plus de faveur, c'est à la seconde que je me rattache.
On ne peut nier que cette dernière puisse invoquer avec
avantage le texte même de la loi qui n'autorise le créancier qu'à ne pas *se dessaisir* de la chose tant que la seconde dette n'est pas acquittée. Vainement on oppose les
derniers mots de l'article : « lors même qu'il n'y aurait
eu aucune stipulation pour *affecter le gage* au paiement
de la seconde dette. » Le mot *gage* y est employé dans
le sens de *chose engagée;* et n'est-ce pas affecter une
chose au paiement de la dette que de la frapper d'un droit
de rétention au profit du créancier? Si l'on veut bien se
reporter aux paroles des rédacteurs du Code que j'ai citées
au n° 75, on verra qu'ils qualifient de *privilège*, de *gage
établi sans le secours d'aucune stipulation* des cas de rétention qu'il est impossible de métamorphoser en cas de
gage tacite.

111. — L'art 1612, C. N., qui accorde au vendeur le
droit de rétention jusqu'au paiement du prix, est encore
fondé sur l'interprétation de la volonté des parties. Le
prix est en effet pour le vendeur l'équivalent de la

chose vendue; or, il ne doit pas être supposé avoir consenti à se dessaisir de sa chose, à être privé de l'utilité ou de l'agrément qu'elle lui procure, sans obtenir en même temps la compensation qu'il a eue en vue en la vendant. C'est ce qu'avait parfaitement compris le droit romain; aussi avait-il attaché la transmission de propriété, au cas de tradition, à la remise du prix de vente (1). Dans les cas où cette transmission avait eu lieu avant le paiement du prix, il donnait au vendeur le droit de rétention (2).

Il faut remarquer que le droit de rétention n'est accordé au vendeur en principe qu'au cas où la vente est faite sans terme. En n'accordant pas de terme pour le paiement du prix, il a marqué le peu de confiance qu'il avait dans la solvabilité de l'acheteur. Que s'il a accordé un délai pour le paiement du prix, sans faire aucune réserve réciproque pour la délivrance de la chose, il est censé avoir renoncé tacitement au droit qui lui appartient de ne s'en dessaisir que contre le paiement du prix.

Cependant, par exception, l'art. 1613 lui accorde le droit de rétention si depuis la vente l'acheteur est tombé en faillite (3) ou en déconfiture, en sorte que le ven-

(1) Instit. de Just., *De div. rer.*, § 41.
(2) L. 13, § 8, *De act. empti.*, D.
(3) Aix, 29 juin 1842, et Cass., Ch. req., 18 av. 1843, Mérentié, C. Rabaud, D., 1843, 1, 234; — Rouen, mai 1847, Poisson, C. Bioche, *J. du P.*, 1848, 2, 366.

deur se trouve en danger de perdre la chose et le prix.

L'art. 577, C. de Comm., reproduit cette disposition en accordant au vendeur le droit de rétention sans distinguer si la vente a été faite au comptant ou à terme.

112. — Au cas d'échange, il n'est pas douteux que le co-échangiste puisse exercer le droit de rétention si l'autre partie ne se montre pas disposée à faire la délivrance de l'objet qu'elle s'est engagée à livrer. (C. N., art. 1707.)

113. — L'art. 1612 établit le droit de rétention au profit du vendeur, l'art. 1707 autorise à l'introduire au profit du co-échangiste : il faut généraliser le principe dont ces deux articles sont des applications spéciales, et dire que, dans tous les cas où l'exécution d'une obligation est demandée en vertu d'un contrat synallagmatique, le défendeur pourra se refuser à cette exécution si l'autre partie n'est pas en mesure d'exécuter la sienne.

Cette généralisation du principe contenu dans les articles 1612 et 1707 peut aisément se justifier. Je suppose que le vendeur n'ait pas exercé le droit de rétention, qu'il ait effectué la délivrance de la chose vendue, il pourra, si l'acheteur ne paie pas le prix, demander la résolution de la vente (C. N., 1654). Or, cette sanction de l'obligation contractée par l'acheteur envers le vendeur, cette faculté de faire prononcer la résolution du contrat, existe pour tous les contrats synallagmatiques (C. N., 1184). N'est-il pas permis d'en conclure *a fortiori* que le droit de rétention existe dans tous ces contrats? Il constitue, en effet, une sanction bien moins énergique que le droit de résolution; et il serait bien difficile de comprendre que celui des contractants qui ne veut pas exécuter le contrat pût contraindre l'autre à lui livrer sa chose, alors que cette livraison pourrait être immédiatement suivie d'une action en résolution qui la rendrait vaine. Quel est le but de l'action en résolution? De forcer le défendeur à restituer ce qu'il a reçu, de remettre le demandeur en possession de l'objet qui lui appartient. Ne vaut-il pas mieux l'autoriser à conserver cette possession? Alors que cette voie si simple le met complètement à couvert et ne lèse aucun intérêt, la solution contraire n'entraînerait pour lui que des dangers et les ennuis d'un procès sans profit pour personne.

114. — L'exercice de l'action résolutoire donne lieu lui-même au droit de rétention, mais dans un seul cas, celui de l'art. 1673. Le vendeur qui use du pacte de rachat ne peut entrer en possession qu'après avoir payé les sommes et indemnités que la loi met à sa charge.

115. — L'art. 1749 nous présente encore un cas où le droit de rétention est introduit par interprétation de la volonté des parties. L'espèce prévue est celle de la vente d'un fonds loué par bail ayant date certaine. Le fermier, qui n'a qu'un droit personnel, peut cependant faire valoir le bail contre le sous-acquéreur (1743), à moins que par le contrat le bailleur ne se soit réservé la faculté d'expulser le preneur en cas de vente. Lorsque cette clause existe, le bailleur est tenu d'indemniser le fermier ou locataire (1744), et pour sûreté de cette indemnité, le fermier ou locataire a un droit de rétention.

116. — Enfin, je ferai encore rentrer dans la présente catégorie certains priviléges dont l'existence suppose une espèce de nantissement : Le droit de gage du locateur sur les fruits de la récolte et sur les meubles et ustensiles qui garnissent la maison louée ou la ferme (C. N., 2102-1°); celui du commissionnaire pour frais, prêts et avances sur la valeur des marchandises qui lui ont été confiées (C. de Comm., 93-95); celui de l'aubergiste sur les effets du voyageur qui ont été transportés dans son auberge (C. N., 2102-5°); du voiturier sur la chose voiturée. (C. N., 2102-6°.)

III.

CAS DANS LESQUELS LE DROIT DE RÉTENTION EST ÉTABLI PAR LA LOI EN L'ABSENCE D'UNE CONVENTION EXPRESSE ET EN DEHORS DE TOUTE INTERPRÉTATION DE L'INTENTION DES PARTIES.

117. — Il faut ranger dans cette catégorie la disposition de l'art. 867, C. N. — Tout co-héritier doit faire le rapport à la succession du *de cujus* des libéralités entre-vifs qu'il en a reçues (C. N., 843). En principe, ce rapport doit être fait en nature à l'égard des immeubles (859). Le co-héritier qui a fait des impenses de conservation ou d'amélioration sur l'immeuble à lui donné, et qui en effectue le rapport en nature, est autorisé à le retenir jusqu'au remboursement effectif des sommes qui lui sont dues de ce chef.

Pour les impenses nécessaires, il aura le droit de réclamer la totalité de ses déboursés ; pour les dépenses utiles, seulement la plus-value qu'elles ont produite. Quant aux impenses voluptuaires, il ne peut rien réclamer ; il a seulement la ressource de l'enlèvement, s'il peut s'effectuer sans détérioration.

Enfin il est une catégorie d'impenses qui restent exclusivement à sa charge : ce sont les dépenses d'entretien,

celles qui sont considérées comme charges de la jouissance. C'est une juste compensation des bénéfices que lui
ont procuré les fruits et revenus de l'immeuble, que sa
qualité de donataire lui a donné le droit de percevoir
sans avoir à en rendre compte.

Ces fruits, on a prétendu qu'il continuait d'y avoir
droit pendant que durait sa rétention « en vertu de la
disposition spéciale qui légitime sa possession; les cohéritiers ne seraient pas fondés à s'en plaindre, puisque
c'est leur retard à le payer qui en est cause. » (1)

Je ne puis partager cet avis. Fidèle au système que j'ai
soutenu sur cette question à un point de vue général
(n° 85), je pense que le rétenteur devra rendre compte
des fruits à partir du moment où son obligation de rapporter est née, c'est-à-dire à partir de l'ouverture de la
succession. La loi a voulu lui assurer une garantie, et rien
de plus. On a tort de confondre sa position avec celle
d'un possesseur de bonne foi. Sans doute il a un titre
légitime de possession, mais cette possession n'est autre
que celle qui correspond au droit réel de rétention, qui
en est l'exercice, c'est-à-dire une simple détention à
laquelle ne sont point attachés, quant à la prescription et
aux fruits, les effets de la possession de bonne foi *cum
animo domini.* Pourquoi punir les co-héritiers d'une len-

(1) Chabot, sur l'art. 867, n° 2 ; — Dalloz, *Rép. Gén.*, v° *Succession,*
n° 1281.

teur à payer le rétenteur, qui peut fort bien ne pas provenir de mauvaise volonté, mais d'impuissance? Le rétenteur n'a pas à se plaindre, puisque les intérêts de ses déboursés courent de plein droit à compter de l'ouverture de la succession. (Arg. 856, C. N.) (1)

118. — Le dépositaire peut retenir le dépôt jusqu'à l'entier paiement de ce qui lui est dû à raison du dépôt. (1948, C. N.)

Parmi ces indemnités figurent les réparations et impenses faites à l'occasion de la chose déposée. Mais ici, à l'encontre du cas précédent, les dépenses d'entretien doivent être restituées au créancier. C'est que, loin qu'il ait recueilli aucun bénéfice de la détention de la chose, cette détention n'a été pour lui qu'une charge qu'il a consenti à supporter par bienveillance pour le déposant. Il est bien juste qu'on le rende complètement indemne.

On refuse généralement au dépositaire le droit de rétention pour les impenses simplement utiles qu'il aurait faites, parce que, dit-on, il ne devait pas faire de telles impenses et retarder sous ce prétexte la restitution du dépôt; mais on lui permet de les réclamer par une action personnelle.

Cette distinction me paraît contraire au texte de la loi,

(1) Duranton, t. 7, n° 390; — Zachariæ, t. 4, § 634.

qui accorde la rétention au dépositaire pour tout ce qui est dû à raison du dépôt. Pour qu'il puisse invoquer cette garantie, il suffit donc qu'on réponde affirmativement à ces deux questions : est-il créancier? l'est-il devenu à l'occasion du dépôt? La solution contraire est trop rigoureuse à l'égard d'une personne qui rend un service important et dangereux pour elle, puisqu'elle est tenue de la garde de la chose, sans en retirer aucun profit.

119. — Je viens de rappeler quelques cas particuliers dans lesquels la loi accorde expressément au détenteur le droit de rétention pour le recouvrement des impenses qu'il a faites sur la chose détenue. Faut-il généraliser ces textes et appliquer le droit de rétention dans tous les cas, assez nombreux, où la loi reconnaît au détenteur le droit de réclamer ses impenses?

La négative résulte nécessairement des principes que j'ai adoptés précédemment. Si le droit de rétention ne suppose pas toujours, comme au cas du gage exprès, l'existence d'un privilége au profit de celui qui l'exerce, il procure du moins au créancier un avantage analogue à celui qui résulte du privilége. Cela suffit pour qu'on le place sous l'application de la règle contenue dans l'article 2093. Le législateur a bien certainement entendu établir par ce texte que les avantages directs ou indirects, appartenant à certains créanciers, sont de droit strict, et ne peuvent être étendus d'un cas à un autre.

Le système contraire rencontre beaucoup de partisans dans la doctrine, et la jurisprudence l'a adopté (1). Mais ses partisans sont loin d'être d'accord au sujet des possesseurs, auxquels doit être accordé le droit de rétention. Les uns ne l'admettent qu'en faveur du possesseur de bonne foi, d'autres accueillent également le possesseur de mauvaise foi. Ces désaccords montrent le vice de cette doctrine, qui ne s'appuie pas sur un principe rigoureux et exact comme celle à laquelle je me rattache.

En vain, pour justifier cette extension du droit de rétention, invoque-t-on une prétendue parité de situation entre les divers détenteurs qui ont fait des impenses : la loi a distingué entre eux, puisqu'elle accorde aux uns une garantie qu'elle refuse aux autres, ou qu'elle ne prononce pas à leur profit. Les rédacteurs du Code avaient présentes à l'esprit les dispositions du droit romain et de notre ancien droit; lors donc qu'ils ne se sont pas expliqués sur le droit de rétention, c'est qu'ils ont entendu le refuser.

120. — Au cas de mandat, il peut se faire que le mandataire soit détenteur d'une chose appartenant au

____

(1) Rennes, mai 1841; C^{se} de Dinan C. les Ursulines.

mandant. Ainsi, le mandat consiste dans la gestion des affaires du mandant : le mandataire est obligé de restituer la chose qui lui a été confiée à raison du mandat; or, il peut arriver qu'il soit créancier du mandant dans des circonstances tout à fait identiques à celles qui font naître la créance du dépositaire. Je lui ferai dans ce cas l'application de l'art. 1948, et cela sans être infidèle à mon principe de la spécialité de la rétention, parce que le mandat est une espèce de dépôt renforcé. Quand vous confiez à un mandataire l'administration d'un bien immobilier, et surtout celle d'un bien.mobilier, le mandataire est évidemment dépositaire, mais dans des conditions plus désavantageuses que le dépositaire ordinaire. Celui-ci lui-même, qu'est-il autre chose qu'un mandataire *sui generis?* Il n'y a donc pas ici seulement analogie de situation, mais similitude, car le mandat implique l'idée du dépôt et le dépôt l'idée du mandat.

En principe, le dépositaire n'a pas le droit de retirer des services de la chose déposée; mais le déposant a pu l'autoriser à s'en servir (1930, C. N.). Dans l'un comme dans l'autre cas, le dépositaire a le droit de rétention; les termes de l'art. 1948 sont généraux, et je ne puis imaginer sur quoi on pourrait se fonder pour établir une différence entre ces deux cas. Eh bien, lorsque je remets une chose à une personne avec l'obligation de la restituer à la première réquisition, et que j'accompagne cette remise non plus de la permission, mais de l'injonction de s'en servir, et de s'en servir non plus dans son intérêt, mais dans le mien propre, cette personne n'aurait pas la même garantie que tout-à-l'heure alors qu'elle ne retire plus aucun bénéfice du contrat, que sa responsabilité est plus rigoureuse! (C. N., 1927-1902.) Cela est impossible.

Cette assimilation du mandataire à un dépositaire, qui seule peut légitimer l'emploi par le premier du droit de rétention, détermine dans quelles limites cette garantie appartiendra au mandataire : ce ne sera point à tout mandataire devenu créancier du mandant et en possession d'une chose lui appartenant, mais seulement à celui qui en aura reçu un objet ou un ensemble d'objets à administrer, et encore pour les créances nées à leur occasion. (Arg., 1948, C. N.)

121. — Du mandataire au gérant d'affaires la transition est naturelle et l'analogie très-grande ; pourtant, ma solution sera diamétralement opposée à la précédente. On a pu remarquer que si le mandataire a le droit de rétention, c'est parce qu'il peut se placer sous l'application d'un texte de loi qui le prononce ; la même ressource n'appartient pas au gérant.

Au reste, à l'égard de celui-ci, cette décision est en définitive beaucoup moins rigoureuse qu'elle ne peut le paraître à première vue. En effet, si le gérant est devenu créancier personnel du maître, s'il est menacé de perdre par suite de son insolvabilité, c'est qu'il l'a bien voulu ; il pouvait rendre le même service en ne courant aucun danger : il fallait qu'il traitât avec les tiers au nom du maître, et non pas en son nom personnel. (C. N., 1375.)

122. — La règle *en fait de meubles possession vaut titre* ne peut pas être invoquée par le possesseur, même de bonne foi, d'une chose volée ou perdue (C. N., 2279). Il sera donc tenu de la restituer au propriétaire qui la revendiquera contre lui dans l'espace de trois ans à compter du jour du vol ou de la perte. Mais si ce possesseur a acheté la chose dans une foire ou dans un marché, ou dans une vente publique, ou d'un marchand vendant des choses pareilles, comme il lui a été impossible de soupçonner le vice de la chose, la loi ne se borne pas à lui laisser la ressource, trop souvent illusoire, d'une action en garantie contre son vendeur peut-être insolvable, peut-être disparu ; elle ne veut pas que le propriétaire puisse le dépouiller sans lui rembourser au préalable le prix de son acquisition. C'est un véritable droit de rétention que lui accorde l'article 2280, dont la formule diffère sans doute de celle des articles 867 et 1948, mais dont le sens est le même.

123. — Si absolu qu'il soit en principe, le droit de propriété n'en est pas moins soumis à de nombreuses restrictions. La plus importante sans contredit est celle qui, dans un but d'utilité publique, permet de dépouiller le propriétaire de sa propriété elle-même. Si l'intérêt de tous légitime cette expropriation d'un seul, ce ne peut être qu'autant que la personne dépouillée reçoive une indemnité égale à la valeur de sa chose. Mais pouvait-on laisser au caprice de l'Etat ou de toute autre personne morale poursuivant l'expropriation le choix de l'époque où elle se libérerait de cette indemnité? Non, sans doute; de là les dispositions de nos lois protectrices de l'intérêt du propriétaire. L'art. 545 semble subordonner au paiement de l'indemnité l'expropriation elle-même. Il n'en est rien; c'est le jugement d'expropriation qui consomme l'aliénation; la question d'indemnité n'a aucune influence à cet égard. La véritable signification de l'art. 545 ressort de son rapprochement avec l'art. 53, L. 3 mai 1841. C'est le droit de rétention jusqu'au paiement de l'indemnité qu'il consacre au profit du propriétaire exproprié.

124. — Le dernier cas de rétention que j'ai à mentionner offre une certaine analogie avec le précédent. Il s'agit du droit de rétention que la loi des 7 juin—5 août 1791 (art. 21) accorde au domanier, contre le propriétaire foncier qui le congédie, jusqu'au remboursement des édifices et superfices qui lui appartenaient.

On sait que dans le bail à domaine congéable le domanier devient propriétaire des édifices et superfices qui existent sur le fonds et de ceux qu'il élève dans la suite ; et qu'après un certain temps le foncier a la faculté de le congédier en lui en payant la valeur. C'est donc une véritable expropriation au profit d'un particulier à laquelle est soumis le domanier, aussi la loi précitée dispose-t-elle qu'il « ne pourra être expulsé que préalablement il n'ait été remboursé. »

TABLE

—

DROIT ROMAIN.

SECTION I. — PRINCIPES GÉNÉRAUX.

LOIS BARBARES. — DROIT FÉODAL.

ANCIEN DROIT FRANÇAIS.

SECTION I. — PRINCIPES GÉNÉRAUX.

SECTION II. — APPLICATIONS.

DE LA RÉTENTION POUR IMPENSES.

DROIT ACTUEL.

SECTION I. — PRINCIPES GÉNÉRAUX.

SECTION II. — APPLICATIONS.

Rennes. — Imp. de Ch. Catel et Comp.

www.ingramcontent.com/pod-product-compliance
Ingram Content Group UK Ltd.
Pitfield, Milton Keynes, MK11 3LW, UK
UKHW021208140726
13695UKWH00002B/410